Weisheit für alle Tage

Weisheit für alle Tage

Herausgegeben
von
Evelyne Polt-Heinzl

Philipp Reclam jun.
Stuttgart

Universal-Bibliothek Nr. 9666

Umschlaggestaltung: Stefan Schmid, Stuttgart
Gesamtherstellung: Reclam, Ditzingen. Printed in Germany 2003

ISBN 3-15-009666-9

www.reclam.de

Inhalt

Vorbemerkung 9

I

Das Leben

Leben ist der Anfang 13
Die Kunst der Lebensführung . . 16
Der kleine Alltag 21
Das Beste vom Leben 24

II

Die Lebensalter

Kindheit und Jugend 27
Die Jahre bedeuten gar nichts . . 29
Durch den Tod wird das alles gleichgemacht 33

III

Das Schicksal

Das Glück begreifen 37
Schmerz und Leid 40
Schicksalsschläge 43

IV

Die Liebe

Das ist die wahre Liebe 47
Eifersucht und Leidenschaft . . . 50
Die Ehe ist auf andern Sachen aufgebaut 52

V

Der Mitmensch

Mann und Frau 54
Freunde 56

VI

Das Zusammenleben

Der Mensch liebt die Gesellschaft 61
Geselligkeit 63
Die Wissenschaft vom Umgang mit den Menschen 65
Einsamkeit 71

VII

Der Charakter

Was einem angehört 73
Stärken und Schwächen 76
Eigenheiten und Eigenschaften . . 81
Das Urteil der andern 83
Ziel und Wege 85

VIII

Die Umwelt

Natur – der Duft der Dinge . . . 88
Ferne und Nähe 91

IX

Die Weisheit ersetzt die Schätze

Der Wert der Bildung 95
Beruf – Berufung 99
Streben und Suchen 103
Die letzten Dinge 109
Die Kunst – das Schöne 114
Worte und Bücher 117

X

Die große Welt

Jede Zeit hat ihre Aufgabe 122
Arm und Reich 126
Politik und Krieg 129

Abschied an den Leser 132

Textnachweise 133

Vorbemerkung

Zitatenlexika, Aphorismensammlungen und Spruchkalender gibt es sonder Zahl. Die vorliegende kleine Auswahl versteht sich nicht als Konkurrenzunternehmen dazu. Weder geht es hier um »das passende Zitat für jede Gelegenheit« noch um eine Ergänzung humanistischer Allgemeinbildung à la »Wie schon Goethe sagte ...«. Vielmehr will diese Sammlung einen leichteren, auch ein wenig spielerischen und zugleich alltagsorientierten Zugang zum Zitatenschatz großer Schriftsteller und Philosophen vermitteln.

Angeordnet nach Bereichen und (Konflikt-)Feldern des menschlichen Lebens finden sich Sprüche und Sentenzen von überwiegend historischen Denkerpersönlichkeiten, die zum Nachdenken und auch Weiterphantasieren anregen. Dort und da kann die eine oder andere der Maximen, je nach Leser und Situation, ein tröstliches Potential entwickeln oder als eine Art Sentenz gewordener Lebenshelfer gar handlungsanleitend und konfliktlösend wirken. Aufeinanderfolgende Zitate treten mitunter direkt in Dialog, bestätigen oder widersprechen einander auch heftig, gleichsam als ironischer Verweis auf die Relativität aller »Weisheit« und allen menschlichen Wissens. Dazwischengestreut finden sich etwas weniger »tierisch ernste« Sentenzen. Sie mindern die Schwere und Gewichtigkeit solcher Sammlungen und erinnern daran, daß mit Witz und Ironie nicht selten aus scheinbaren Banalitäten besonders treffende Pointen entstehen. Das letzte Zitat eines Abschnitts resümiert oft das gesamte Kapitel und liefert dann auch die Kapiteltelüberschrift. Ob diese »Feinheiten« des Aufbaus beim Durchblättern oder unsystematischen Hineinlesen bewußt werden, ist nicht wesentlich, wenngleich auch dabei das zufällige Daraufstoßen zu lustvollen Aha-Erlebnissen führen kann. Es ist also ein Buch, das zum linearen Durchlesen ebenso einlädt wie zum Blättern und Hineinschmökern und für beide Herangehensweisen je eigene Qualitäten entwickelt. In diesem Sinn kann das kleine Bändchen eine Art Lebensbegleiter sein, dessen inhaltliches Potential sich auch über die Jahre hinweg nicht erschöpft.

Jeden Tag seines Lebens eine feine kleine Bemerkung einfangen – wäre schon genug für ein Leben.

Christian Morgenstern

I
Das Leben

Leben ist der Anfang

Das Leben mit seinen verschiedenen Epochen ist eine Schatzkammer. Wir werden reich in *jedem* Gewölbe beschenkt; *wie* reich, das erkennen wir erst bei dem Eintritt in das *nächste* Gewölbe.

Friedrich Hebbel

Es ist im Leben wie im Schachspiel: wir entwerfen einen Plan: dieser bleibt jedoch bedingt durch das, was im Schachspiel dem Gegner, im Leben dem Schicksal, zu tun belieben wird. Die Modifikationen, welche hiedurch unser Plan erleidet, sind meistens so groß, daß er in der Ausführung kaum noch an einigen Grundzügen zu erkennen ist.

Arthur Schopenhauer

Fragment

Die Linien des Lebens sind verschieden,
Wie Wege sind und wie der Berge Grenzen,
Was hier wir sind, kann dort ein Gott ergänzen
Mit Harmonien und ewigem Lohn und Frieden.

Friedrich Hölderlin

Es giebt keine Klassen im Leben für Anfänger, es ist immer gleich das Schwierigste, was von einem verlangt wird.

Rainer Maria Rilke

Du bist die Aufgabe. Kein Schüler weit und breit.

Franz Kafka

Wir treten stets als Schüler in die verschiedenen Lebensalter ein, und oft fehlt es uns an Erfahrung trotz der Jahre.

La Rochefoucauld

Wie kann das Leben gut sein, da man wie in einem unsichern Schiffe vor den schönsten Ufern vorbeifliegt, und nur in Eil und durch Geschicklichkeit sich Blumen und Schätze erreißt, an dürren Klippen aber wider Willen festgebannt wird, oder zerschmettert!

Rahel Varnhagen

Unser Lebensweg steht auf beiden Seiten so voll Bäumchen und Ruhebänke, daß ich mich wundere, wenn einer müde wird.

Jean Paul

Fehler der Biographen. – Die kleine Kraft, welche not tut, einen Kahn in den Strom hineinzustoßen, soll nicht mit der Kraft dieses Stromes, der ihn fürderhin trägt, verwechselt werden: aber es geschieht fast in allen Biographien.

Friedrich Nietzsche

Je mehr Pferde Du anspannst desto rascher gehts – nämlich nicht das Ausreißen des Blockes aus dem Fundament, was unmöglich ist, aber das Zerreißen der Riemen und damit die leere fröhliche Fahrt.

Franz Kafka

Wer diese drei Unbegreiflichkeiten jemals völlig begreifen könnte: Daß er existiert, daß er gerade er selber ist und daß er einmal nicht war und einmal nicht sein wird.

Arthur Schnitzler

Willst du wissen: was ist das Leben, so frage dich: was ist der Tod?

Friedrich Hebbel

Traum

Es ist der Traum die Uhr des Lebens, nur hier können wir ablesen wieviel's schlagen wird.

Heimito von Doderer

Erwartung und Erfüllung

In den Ozean schifft mit tausend Masten der Jüngling,
Still, auf gerettetem Boot, treibt in den Hafen der Greis.

Friedrich Schiller

Gedächtnisbuch

Des Menschen Dasein, alt wie jung,
Lebt zwischen Hoffnung und Erinnerung.
Jung, sieht dem Wunsch er alle Pfade offen,
Und alt, erinnert er sich eben an sein Hoffen.

Franz Grillparzer

Wir Menschen sind wie Schwämme, wir trinken uns voll Leben, dann wird's wieder ausgedrückt.

Friedrich Hebbel

Leben ist der Anfang des Todes. Das Leben ist um des Todes willen.

Novalis

Die Kunst der Lebensführung

»Wirf weg, damit du nicht verlierst!« ist die beste Lebensregel.

Friedrich Hebbel

Mein Lebensleitmotiv:

»Nie über einen Graben springen, eine Hürde, wenn man *nicht* ganz *gesichert* ist, hinüberzugelangen mit *leichter* Anmut!«

Peter Altenberg

Gar mancher Schwierigkeit entweicht
Man durch das hübsche Wort »vielleicht«.

Wilhelm Busch

Denn wer lange bedenkt, der wählt nicht immer das Beste.

Johann Wolfgang Goethe

Das ist ein schlechter Lenker eines Schiffes, dem die Wellen das Steuerruder entreißen, der die flatternden Segel preisgibt und das Fahrzeug zum Spielball des Sturmes werden läßt; dagegen lobt man den, der sich selbst beim Schiffbruch noch wehrt und, die Hand am Steuerruder, in den Wogen umkommt.

Seneca

Die Sicherheit

Nur das feurige Roß, das mutige, stürzt auf der Rennbahn,
Mit bedächtigem Paß schreitet der Esel daher.

Friedrich Schiller

Wenn die Gefahr am größten ist. – Man bricht das Bein selten, solange man im Leben mühsam aufwärts steigt – aber wenn man anfängt, es sich leicht zu machen und die bequemen Wege zu wählen.

Friedrich Nietzsche

An seinen Idealen *zugrundegehen* können, heißt *lebensfähig* sein!

Peter Altenberg

Jeder möge sein eigener Geschichtsschreiber sein, dann wird er sorgfältiger und anspruchsvoller leben.

Bert Brecht

Leb in der Gegenwart! Zu leer ist und zu weit
Der Zukunft Haus, zu groß das der Vergangenheit.

Friedrich Rückert

Nicht hastig leben. Die Sachen zu verteilen wissen heißt sie zu genießen verstehn. Viele sind mit ihrem Glück früher als mit ihrem Leben zu Ende: sie verderben sich die Genüsse, ohne ihrer froh zu werden; und nachher möchten sie umkehren, wenn sie ihres weiten Vorsprungs innewerden. Sie sind Postillione des Lebens, die zu dem allgemeinen raschen Lauf der Zeit noch das ihnen eigene Stürzen hinzufügen. Sie möchten in einem Tage verschlingen, was sie kaum im ganzen Leben verdauen könnten. Vor den Freuden des Lebens sind sie immer voraus, verzehren schon die kommenden Jahre, und da sie so eilig sind, werden sie schnell mit allem fertig. Man soll sogar im Durst nach Wissen ein Maß beobachten, damit man nicht die Dinge lerne, welche es besser wäre nicht zu wissen. Wir haben mehr Tage als Freuden zu erleben. Man sei langsam im Genießen, schnell im Wirken: denn die Geschäfte sieht man gern, die Genüsse ungern beendigt.

Balthasar Gracián

Erlaube nie deinen Wünschen, und seien sie noch so klein, daß sie dein Herz beunruhigen! Denn wenn erst kleine Wünsche den Boden für eine Unordnung gelokkert haben, so kommen bald größere und große hinterdrein.

Franz von Sales

Nichts kann mehr zu einer Seelen-Ruhe beitragen, als wenn man gar keine Meinung hat.

Georg Christoph Lichtenberg

Wie groß unsre Fähigkeit, uns zu behaupten, sein mag, unsere Fähigkeit, zugrunde zu gehen, ist immer noch größer.

Ferdinand Kürnberger

Nötig zum Leben ist nur, auf Selbstgenuß zu verzichten; einziehn in das Haus, statt es zu bewundern und zu bekränzen.

Franz Kafka an Max Brod

Sein eigenes Leben nicht ernster nehmen als ein Stück von Shakespeare! Aber auch nicht minder ernst!

Peter Altenberg

Gestalte Dir das Leben angenehm, indem Du alle Sorge darum aufgibst.

Seneca an Lucilius

Schüttle alles ab, was dich in deiner Entwicklung hemmt, und wenn's auch ein Mensch wäre, der dich liebt, denn was dich vernichtet, kann keinen anderen fördern.

Friedrich Hebbel

Erinnerungsfälschung, das ist die ohnmächtige Rache, die unser Gedächtnis an der Unwiderruflichkeit alles Geschehens nimmt.

Arthur Schnitzler

Lied

aus dem Spanischen

Gestern liebt' ich
Heute leid' ich,
Morgen sterb' ich:
Dennoch denk' ich
Heut und morgen
Gern an gestern.

Gotthold Ephraim Lessing

Die Kunst der Lebensführung besteht bekanntlich darin, mit gerade so viel Dampf zu fahren, wie gerade da ist.

Theodor Fontane an Karl Zöllner

Der kleine Alltag

Ein Mann kann in die Schlacht ziehen, wo voraussichtlich Tausende fallen müssen, und sich doch vorher ein Heftpflaster auf die Schnittwunde legen, die er sich beim Rasieren beigebracht.

Friedrich Hebbel

Mitunter sitzt die ganze (größte) Seele
In eines Zahnes dunkler (kleiner) Höhle.

Wilhelm Busch

Ist es denn nicht entsetzlich, daß kalte Füße die Phantasie kalt machen können und ein Paar wollene Fußsocken mir gute Gedanken zubringen!

Franz Grillparzer

Mit Blitzen kann man die Welt erleuchten, aber keinen Ofen heizen.

Friedrich Hebbel

Die Hoffnung, so trügerisch sie ist, dient wenigstens dazu, uns auf angenehmem Wege zum Ende unseres Lebens zu führen.

La Rochefoucauld

Der Gedanke an den Selbstmord ist ein starkes Trostmittel: mit ihm kommt man gut über manche böse Nacht hinweg.

Friedrich Nietzsche

Sei dankbar für das, was du hast; warte auf das übrige und sei froh, daß du noch nicht alles hast; es ist auch ein Vergnügen, noch auf etwas zu hoffen.

Seneca

Eine liebevolle Aufmerksamkeit auf das, was der Mensch besitzt, macht ihn reich, indem er sich einen Schatz der Erinnerung an gleichgültigen Dingen dadurch anhäuft.

Johann Wolfgang Goethe

Güter

Daß man ohne Sorgen lebe,
sorgt man stets um Gut und Geld,
daß doch den, der es ersorget,
immerdar in Sorgen hält.

Friedrich von Logau

Die Gesundheit ist ein kostbares Gut; nur sie ist es eigentlich wert, daß man dafür seine Zeit, seinen Schweiß, seine Arbeit und sein Geld, ja sogar sein Leben einsetzte; ist doch ohne sie das Leben für uns eine Last; ohne sie verliert alles seinen Glanz und seine Kraft: Genüsse, Lebenserfahrung, Wissenschaft und Tugend.

Michel de Montaigne

Die kleinen Unfälle, die uns stündlich vexieren, kann man betrachten als bestimmt, uns in Übung zu erhalten, damit die Kraft, die großen zu ertragen, im Glück nicht ganz erschlaffe.

Arthur Schopenhauer

Wozu über einzelnes klagen? Das ganze Leben ist beklagenswert. Neues Unheil bedrängt uns, noch ehe wir mit dem alten recht fertig geworden sind.

Seneca

Die Menschen quälen sich ein Lebelang, um im letzten Augenblick oder wenn der Tod sie auch nur streift, die Nichtigkeit all des von ihnen Erstrebten zu empfinden. Hier liegt eine ergaunerte Million neben mir und ein Schluck kaltes Wasser ist mir vielleicht unendlich viel mehr. Nichts hat Bedeutung und auch wieder alles; Großes, Kleines, sehr vage Begriffe.

Theodor Fontane an Georg Friedlaender

Die Gewohnheit hat die Kraft, unser Leben zu formen, und zwar nach ihrem Gutdünken; ihr Einfluß ist grenzenlos; es ist der Zaubertrank der Circe, der unsere Natur in jeder Richtung umzugestalten vermag.

Michel de Montaigne

... in der Gewohnheit ruht das einzige Behagen des Menschen; selbst das Unangenehme, woran wir uns gewöhnten, vermissen wir ungern.

Johann Wolfgang Goethe

In Gefahr. – Man ist am meisten in Gefahr, überfahren zu werden, wenn man eben einem Wagen ausgewichen ist.

Friedrich Nietzsche

Langeweile

Die Langeweile ist das stillste, aber vielleicht das am meisten die Führung prüfende Fahrwasser des Lebens. Denn hier kommt es wirklich heraus, was an einem ist und was nicht, wenn die Kügelchen der Viertelstunden klingend in eine weite, leere Schale fallen.

Heimito von Doderer

Oft rühmen wir uns, keine Langweile zu haben, und sind so eitel, daß wir uns nicht mit uns selbst in schlechter Gesellschaft finden wollen.

La Rochefoucauld

Das Beste vom Leben

So selten kommt der Augenblick im Leben,
Der wahrhaft wichtig ist und groß . . .

Friedrich Schiller

Enthusiasmus ist das schönste Wort der Erde.

Christian Morgenstern

Die Welt ist reizend, viel zu lieben drin.
Sich damit begnügen, ihr innerster Sinn.

Rahel Varnhagen

Vom Stundenzeiger des Lebens. – Das Leben besteht aus seltenen einzelnen Momenten von höchster Bedeutsamkeit und unzählig vielen Intervallen, in denen uns bestenfalls die Schattenbilder jener Momente umschweben. Die Liebe, der Frühling, jede schöne Melodie, das Gebirge, der Mond, das Meer – alles redet nur einmal ganz zum Herzen: wenn es überhaupt je ganz zu Worte kommt. Denn viele Menschen haben jene Momente gar nicht und sind selber Intervalle und Pausen in der Symphonie des wirklichen Lebens.

Friedrich Nietzsche

Die interessantesten Zeiten des Menschendaseins sind nicht die, in welchen man sich der Illusion hingibt, sein Leben selbst führen zu können, nach rechts oder links abzuweichen, zu beharren oder aufzugeben, sondern die, in denen man den Flügelschlag des Schicksals deutlich über seinem Kopfe rauschen hört. Und trotz aller möglichen Unruhe und Aufregung sind die letztern auch, so paradox es klingen mag, die normalen.

Wilhelm Raabe

Es gibt große Stunden im Leben. Wir schauen an ihnen hinauf, wie an den kolossalischen Gestalten der Zukunft und des Altertums, wir kämpfen einen herrlichen Kampf mit ihnen, und bestehn wir vor ihnen, so werden sie, wie Schwestern, und verlassen uns nicht.

Friedrich Hölderlin

Die Herrlichkeit der Welt ist immer adäquat der Herrlichkeit des Geistes, der sie betrachtet – Der Gute findet hier sein Paradies – der Schlechte genießt schon hier seine Hölle –

Heinrich Heine

Bescheidenheit des Menschen. – Wie wenig Lust genügt den meisten, um das Leben gut zu finden, wie bescheiden ist der Mensch!

Friedrich Nietzsche

Das Beste der Welt

Weißt du, was in dieser Welt
mir am meisten wohlgefällt?
Daß die Zeit sich selbst verzehret
und die Welt nicht ewig währet.

Friedrich von Logau

Das Beste vom Leben ist, daß man niemand zwingen kann zu leben.

Johann Gottfried Seume

II
Die Lebensalter

Kindheit und Jugend

Der Mensch ist das einzige Geschöpf, das erzogen werden muß.

Immanuel Kant

Wer sich seiner eigenen Kindheit nicht mehr deutlich erinnert, ist ein schlechter Erzieher.

Marie von Ebner-Eschenbach

Wer von Grund aus Lehrer ist, nimmt alle Dinge nur in bezug auf seine Schüler ernst, – sogar sich selbst.

Friedrich Nietzsche

Der größte Fehler, den man bei der Erziehung zu begehen pflegt, ist dieser, daß man die Jugend nicht zum eigenen Nachdenken gewöhnet ...

Gotthold Ephraim Lessing

Was man den Kindern tut
Ist doppelt gut;
Da im Erfolg, den Jeder sieht,
Man ihre Eltern miterzieht.

Franz Grillparzer

Die Erziehung als Verschwörung der Großen. Wir ziehen die frei Umhertobenden unter Vorspiegelungen, an die wir auch aber nicht in dem vorgegebenen Sinne, glauben in unser enges Haus.

Franz Kafka

Gute Erziehung – ein zweischneidiges Schwert. Mancher wird nie ein wirklicher Mensch, ein Mensch von *Umfang*, infolge seiner guten Erziehung.

Christian Morgenstern

Welches Kind hätte nicht Grund, über seine Eltern zu weinen?

Friedrich Nietzsche

Das Paradies liegt zu Füßen der Mütter.

Muhammad

Eltern verzeihen ihren Kindern die Fehler am schwersten, die sie selbst ihnen anerzogen haben.

Marie von Ebner-Eschenbach

Für ein kleines Mädchen

Werde was du noch nicht bist,
Und doch bleib, wie du zur Frist;
In diesem Bleiben, in diesem Werden
Liegt dein höchstes Glück auf Erden.

Franz Grillparzer

Jugend ist dauernde Trunkenheit, sie ist das Entwicklungsfieber der Vernunft.

La Rochefoucauld

Die Heiterkeit und der Lebensmut unserer Jugend beruht zum Teil darauf, daß wir, bergauf gehend, den Tod nicht sehn; weil er am Fuß der andern Seite des Berges liegt.

Arthur Schopenhauer

Die Jahre bedeuten gar nichts

Wenige Menschen verstehen alt zu sein.

La Rochefoucauld

Mehr noch als nach dem Glück unserer Jugend sehnen wir uns im Alter nach den Wünschen unserer Jugend zurück.

Marie von Ebner-Eschenbach

Das Alter ist nicht trübe, weil darin unsre Freuden, sondern weil unsre Hoffnungen aufhören.

Jean Paul

Dem Alter nicht, der Jugend sei's geklagt,
Wenn uns das Alter nicht behagt.

Gotthold Ephraim Lessing

Im weiteren Sinne kann man auch sagen: die ersten vierzig Jahre unsers Lebens liefern den Text, die folgenden dreißig den Kommentar dazu, der uns den wahren Sinn und Zusammenhang des Textes, nebst der Moral und allen Feinheiten desselben, erst recht verstehn lehrt.

Arthur Schopenhauer

Man altert nur von 25 bis 30, was sich bis dahin erhält, wird sich wohl auf immer erhalten.

Friedrich Hebbel

Das Alter kommt plötzlich, und nicht nach und nach, wie man denkt; wie jede Erkenntnis.

Rahel Varnhagen

Wenn die Laster uns verlassen, schmeicheln wir uns mit dem Glauben, wir hätten sie verlassen.

La Rochefoucauld

Man wird nicht besser mit den Jahren –
Wie sollt' es auch? man wird bequem
Und bringt, um sich die Reu' zu sparen,
Die Fehler all in ein System.

Theodor Fontane

Nach dem vierzigsten Jahr ändert keiner mehr seine Philosophie.

Wilhelm Busch

Man bleibt jung, solange man noch lernen, neue Gewohnheiten annehmen und einen Widerspruch ertragen kann.

Marie von Ebner-Eschenbach

Nichts macht schneller alt, als der immer vorschwebende Gedanke, daß man älter wird. Ich verspüre dieses recht an mir; es gehört mit zum Giftsaugen.

Georg Christoph Lichtenberg

So lange wir jung sind, man mag uns sagen, was man will, halten wir das Leben für endlos und gehn danach mit der Zeit um. Je älter wir werden, desto mehr ökonomisieren wir unsere Zeit. Denn im spätern Alter erregt jeder verlebte Tag eine Empfindung, welche der verwandt ist, die bei jedem Schritt ein zum Hochgericht geführter Delinquent hat.

Arthur Schopenhauer

Ehmals und jetzt

In jüngern Tagen war ich des Morgens froh,
Des Abends weint' ich; jetzt, da ich älter bin,
Beginn' ich zweifelnd meinen Tag, doch
Heilig und heiter ist mir sein Ende.

Friedrich Hölderlin

. . . das Alter ist ein kaltes Fieber
Im Frost von grillenhafter Not.
Hat einer dreißig Jahr vorüber,
So ist er schon so gut wie tot.

Johann Wolfgang Goethe

Die Fehler des Geistes nehmen mit dem Alter zu wie die Falten des Gesichts.

La Rochefoucauld

Was Menschen und Dinge wert sind, kann man erst beurteilen, wenn sie alt geworden.

Marie von Ebner-Eschenbach

In ein Stammbuch

Die Jahre nehmen was die Jahre gaben,
Nicht nur der Körper auch der Geist verblüht,
Nur hast du Eins so wirst du's ewig haben:
Ein warmes Herz, ein liebendes Gemüt.

Franz Grillparzer

Nichts ist schändlicher, als wenn ein Greis mit nichts anderem beweisen kann, daß er lange gelebt hat, als mit der Zahl seiner Jahre.

Seneca

Ich aber bilde mir ein, aus jungen Philistern werden alte Philister, und wer dagegen einmal wahrhaft jung gewesen, der bleibt's zeitlebens.

Joseph von Eichendorff

Das Fortrücken in der Kalenderjahrzahl macht wohl den Menschen, aber nicht die Menschheit reifer.

Johann Peter Hebel

Die Jahre bedeuten gar nichts. Wer dumm ist und nichts gelernt hat, faselt mit siebzig noch gerade so wie mit siebzehn.

Theodor Fontane an Karl Bleibtreu

Durch den Tod wird das alles gleichgemacht

Es tötet nichts so sicher als das Leben.

Wilhelm Raabe

... denn der Mensch ist vergänglich wie das Blatt des Baumes, ja noch mehr als dies; denn dasselbe kann nur der Herbst abschütteln, den Menschen jeder Augenblick.

Adalbert Stifter

Wenn man an der Bahre eines lieben Menschen steht, so fängt es erst an, einen zu erbarmen, nicht weil er gestorben ist, sondern weil er gelebt hat. Gelebt und gelitten, heimlich und geduldig für sich allein.

Peter Rosegger

Beim Tode eines geliebten Menschen schöpfen wir eine Art Trost aus dem Glauben, daß der Schmerz über unseren Verlust sich nie vermindern wird.

Marie von Ebner-Eschenbach

Das Gesetz verpflichtet [...] zu einem Trauerjahre, und gewiß ist eine solche Epoche, die den Wechsel aller irdischen Dinge in sich begreift, einem fühlenden Herzen nötig, um die schmerzlichen Eindrücke eines großen Verlustes zu mildern. Man sieht die Blumen welken und die Blätter fallen, aber man sieht auch Früchte reifen und neue Knospen keimen. Das Leben gehört den Lebendigen an, und wer lebt, muß auf Wechsel gefaßt sein.

Johann Wolfgang Goethe

Fürchtet doch nicht so den Tod und mehr das unzulängliche Leben!

Bert Brecht

Alles, was stirbt, fällt ins Leben, und alles, was geboren wird, ist ebenso alt wie das Sterbende. Stürzte der Tod uns ins Nichts, so müßte uns ja die Geburt aus dem nämlichen Nichts ziehen.

Maurice Maeterlinck

Unsterblichkeit

Vor dem Tod erschrickst du? Du wünschest unsterblich
zu leben?
Leb' im Ganzen! Wenn du lange dahin bist, es bleibt.

Friedrich Schiller

Das Grausamste des Todes: ein scheinbares Ende verursacht einen wirklichen Schmerz.

Franz Kafka

Der Tod ist die Erlösung von allen Schmerzen und völliges Aufhören; über ihn gehen unsere Leiden nicht hinaus; er versetzt uns wieder in den Zustand der Ruhe, in dem wir uns befanden, ehe wir geboren wurden. Bedauert jemand die Gestorbenen, so muß er auch die Ungeborenen bedauern.

Seneca

Es wäre wohl schlimm, ohne Leben zu sein; aber man ist nicht mehr, wenn man nicht mehr lebt.

Bert Brecht

Die völlige Vernichtung ist ausgeschlossen. Wir sind die Gefangenen einer Unendlichkeit ohne Pforten, aus der nichts verschwindet, in der alles sich zerstreut, aber nichts verloren geht.

Maurice Maeterlinck

Von außen gesehn ist es schrecklich erwachsen aber jung zu sterben oder gar sich zu töten. In gänzlicher Verwirrung, die innerhalb einer weiteren Entwicklung Sinn hätte, abzugehn, hoffnungslos oder mit der einzigen Hoffnung, daß dieses Auftreten im Leben innerhalb der großen Rechnung als nicht geschehen betrachtet werden wird.

Franz Kafka

Schlecht lebt jeder, der nicht gut zu sterben weiß. Man darf das Leben nicht zu hoch anschlagen, man muß es unter die geringen Dinge rechnen.

Seneca

Wer den Tod fürchtet, hat das Leben verloren.

Johann Gottfried Seume

Alles Einmalige ist nicht schwer zu ertragen. Ist es vernünftig, so lange sich vor etwas zu fürchten, was so kurz dauert? Lange Zeit leben und kurze Zeit leben, durch den Tod wird das alles gleichgemacht.

Michel de Montaigne

III
Das Schicksal

Das Glück begreifen

Theoretisch gibt es eine vollkommene Glücksmöglichkeit: An das Unzerstörbare in sich glauben und *nicht* zu ihm streben.

Franz Kafka

Sich recht anschauend vorzustellen zu lernen, daß niemand vollkommen glücklich ist, ist vielleicht der nächste Weg, vollkommen glücklich zu werden. Es [ist] freilich niemand ganz glücklich, allein es sind sehr große Stufen in unserm Leiden und das ist das Übel.

Georg Christoph Lichtenberg

Etwas zu wünschen übrig haben, um nicht vor lauter Glück unglücklich zu sein. Der Leib will atmen und der Geist streben. Wer alles besäße, wäre über alles enttäuscht und mißvergnügt. Sogar dem Verstande muß etwas zu wissen übrigbleiben, was die Neugier lockt und die Hoffnung belebt. Übersättigungen an Glück sind tödlich. Beim Belohnen ist es eine Geschicklichkeit, nie gänzlich zufriedenzustellen. Ist nichts mehr zu wünschen, so ist alles zu fürchten: unglückliches Glück! wo der Wunsch aufhört, beginnt die Furcht.

Balthasar Gracián

Wenn man den Zustand eines Menschen, seiner Glücklichkeit nach, abschätzen will, soll man nicht fragen nach dem, was ihn vergnügt, sondern nach dem, was ihn betrübt: denn, je geringfügiger dieses, an sich selbst genommen, ist, desto glücklicher ist der Mensch; weil ein Zustand des Wohlbefindens dazu gehört, um gegen Kleinigkeiten empfindlich zu sein: im Unglück spüren wir sie gar nicht.

Arthur Schopenhauer

Glücklich ist daher ein Leben, wenn es seiner Natur entspricht. Das kann aber nur erreicht werden, wenn der Geist fürs erste gesund ist und beständig gesund bleibt; sodann wenn er stark und tatkräftig ist, edel und geduldig, in die Zeit sich schickend, auf den Körper und dessen Bedürfnisse sorgsam, aber ohne Ängstlichkeit Bedacht nehmend, aufmerksam auf alles andere, was zum Leben gehört, ohne zu großen Wert auf irgendein einzelnes zu legen, die Gaben des Glücks benutzend, aber ohne ihr Sklave zu sein.

Seneca

Es ist der Fehler des Jünglings, sich immer für glücklicher, oder unglücklicher zu halten, als er ist.

Gotthold Ephraim Lessing

Das Glück

Glücke läßt sich nimmer zwingen.
Wem sein Tun nicht will gelingen,
muß so lange müßig gehn,
bis sein Stern will besser stehn.

Friedrich von Logau

Schlechtes Gedächtnis. – Der Vorteil des schlechten Gedächtnisses ist, daß man dieselben guten Dinge mehrere Male zum *erstenmal* genießt.

Friedrich Nietzsche

Es gibt kaum eine größere Enttäuschung, als wenn du mit einer recht großen Freude im Herzen zu gleichgültigen Menschen kommst.

Christian Morgenstern

Es gibt sehr viele Menschen, die unglücklicher sind als du, gewährt zwar kein Dach, darunter zu wohnen, allein sich bei einem Schauer darunter zu retirieren, ist das Sätzchen gut genug.

Georg Christoph Lichtenberg

Lustige Leute begehen mehr Torheiten, als traurige; aber traurige begehen größere.

Ewald Christian von Kleist

Es ist sehr leicht, am Anfang des Sommers lustig zu sein. Man hat ein lebhaftes Herz, einen leidlichen Gang und ist dem künftigen Leben ziemlich geneigt.

Franz Kafka an Max Brod

Ein Augenblick, gelebt im Paradiese,
Wird nicht zu teuer mit dem Tod gebüßt.

Friedrich Schiller

Alle Gelegenheit, glücklich zu werden, hilft nichts, wer den Verstand nicht hat, sie zu benutzen.

Johann Peter Hebel

Glücklich sein heißt ohne Schrecken seiner selbst innewerden können.

Walter Benjamin

Freuden, die er nicht begreift, haben etwas Gespenstisches für den Menschen.

Friedrich Hebbel

Das Glück begreifen, daß der Boden auf dem Du stehst, nicht größer sein kann, als die zwei Füße ihn bedecken.

Franz Kafka

Schmerz und Leid

Der Schmerz macht, daß wir die Freude fühlen, so wie das Böse macht, daß wir das Gute erkennen.

Ewald Christian von Kleist

Vom Unglück erst
Zieh ab die Schuld;
Was übrig ist,
Trag in Geduld!

Theodor Storm

Wer unglücklich ist, der verdient es zu sein.

Ludwig Börne

Unter den Unglücklichen beklagt man die am wenigsten, die es durch ihre Schuld geworden sind; sie sind aber am meisten zu beklagen. Der Trost eines guten Gewissens fehlt ihnen.

Ewald Christian von Kleist

Das Glück erscheint uns niemals so blind, als wenn es uns nicht hold ist.

La Rochefoucauld

Das ist das menschliche Leben! Bei dem einen raucht der Ofen, wenn der Wind von Nordwesten, bei dem andern, wenn er von Südosten kommt.

Wilhelm Raabe

Mit primitivem Blick gesehn ist die eigentliche, unwidersprechliche, durch nichts außerhalb (Märtyrertum, Opferung für einen Menschen) gestörte Wahrheit nur der körperliche Schmerz.

Franz Kafka

Die Freude verallgemeinert, der Schmerz individualisiert den Menschen.

Friedrich Hebbel

Die Unglücklichen ketten sich so gern aneinander.

Gotthold Ephraim Lessing

Wir alle sind stark genug, das Unglück anderer zu ertragen.

La Rochefoucauld

Das ist meine allerschlimmste Erfahrung: Der Schmerz macht die meisten Menschen nicht groß, sondern klein.

Christian Morgenstern

Die Menschen nehmen oft ein kleines Ungemach viel schwerer auf und tragen es ungeduldiger als ein großes Unglück, und der ist noch nicht am schlimmsten daran, der viel zu klagen hat und alle Tage etwas anders. Erfahrung und Übung im Unglück lehrt schweigen.

Johann Peter Hebel

Bei einem unglücklichen Ereignis, welches bereits eingetreten, also nicht mehr zu ändern ist, soll man sich nicht ein Mal den Gedanken, daß dem anders sein könnte, noch weniger den, wodurch es hätte abgewendet werden können, erlauben: denn gerade er steigert den Schmerz ins Unerträgliche ...

Arthur Schopenhauer

Wenn es dir übel geht, nimm es für gut nur immer;
Wenn du es übel nimmst, so geht es dir noch schlimmer.

Friedrich Rückert

Klage nicht zu sehr über einen kleinen Schmerz; das Schicksal könnte ihn durch einen größeren heilen!

Friedrich Hebbel

Jedes noch so harte Joch drückt den, der ruhig darunter geht, weniger als den, der widerstrebt. Das einzige Linderungsmittel bei großen Leiden ist, daß man in Geduld der Notwendigkeit gehorche.

Seneca

Schicksalsschläge

Es gibt nur *einen* angeborenen Irrtum, und es ist der, daß wir da sind, um glücklich zu sein.

Arthur Schopenhauer

Jeder verdient sein Schicksal, es fragt sich nur, ob vorher oder nachher.

Friedrich Hebbel

Es wird sehr vieles dem bösen oder guten Willen des einzelnen in die Schuhe geschoben, was doch nur das Schicksal ist und wofür und wogegen einer wie der andere nicht das geringste vermag.

Wilhelm Raabe

Unser Glück liegt nicht in den Dingen, sondern in deren Bewertung durch uns; und der Besitz dessen, was wir lieben, macht glücklich, nicht dessen, was andere liebenswert finden.

La Rochefoucauld

Daß für unser Glück und unsern Genuß das Subjektive ungleich wesentlicher, als das Objektive sei, bestätigt sich in allem: von dem an, daß Hunger der beste Koch ist und der Greis die Göttin des Jünglings gleichgültig ansieht, bis hinauf zum Leben des Genies und des Heiligen. Besonders überwiegt die Gesundheit alle äußern Güter so sehr, daß wahrlich ein gesunder Bettler glücklicher ist, als ein kranker König.

Arthur Schopenhauer

Im Unglück finden wir meistens die Ruhe wieder, die uns durch die Furcht vor dem Unglück geraubt wurde.

Marie von Ebner-Eschenbach

Unglück. – Die Auszeichnung, welche im Unglück liegt (als ob es ein Zeichen von Flachheit, Anspruchslosigkeit, Gewöhnlichkeit sei, sich glücklich zu fühlen), ist so groß, daß, wenn jemand einmal sagt: »aber wie glücklich Sie sind!« – man gewöhnlich protestiert.

Friedrich Nietzsche

Groß kann man sich im Glück, erhaben nur im Unglück zeigen.

Friedrich Schiller

Der Starke unterwirft sich auch ergeben, der Schwache stürmt mit Klagen darwider, und der Gemeine staunt dumpf, wenn das Ungeheure geschieht, oder er wird wahnwitzig und begeht Frevel.

Adalbert Stifter

Der Mensch liebt es, nur sein Unglück zu beachten, sein Glück aber zu übersehen. Würde er aber richtig sehen, so würde er erkennen, daß ihm beides beschert ist.

Fjodor Dostojewskij

Ein ganzes Unglück verdrießt uns nicht so sehr wie ein nur zur Hälfte eingetroffenes Glück.

Karl Gutzkow

Nach meiner Meinung ist die Furcht vor einem bevorstehenden Unglück heilsam, sie nimmt schon einen Teil des Leidens vorweg. So wie die zu große Hoffnung auf ein kommendes Glück dasselbe schädigt, weil die übermäßige Erwartung enttäuscht wird, so erscheint nach großer Angst vor dem Ungemach dasselbe tatsächlich selten so schlimm, als man sich's vorgestellt.

Peter Rosegger

Meines Erachtens weint man sogar nie unmittelbar über den empfundenen Schmerz, sondern immer nur über dessen Wiederholung in der Reflexion.

Arthur Schopenhauer

Die Leute machen aus der Feuerkohle, an der sie sich verbrannten, gern einen Vesuv.

Friedrich Hebbel

Der Faule

Rennt dem scheuen Glücke nach!
Freunde, rennt euch alt und schwach!
Ich nehm' teil an eurer Müh':
Die Natur gebietet sie.
Ich, damit ich auch was tu', –
Seh' euch in dem Lehnstuhl zu.

Gotthold Ephraim Lessing

IV
Die Liebe

Das ist die wahre Liebe

Die meisten Menschen brauchen mehr Liebe, als sie verdienen.

Marie von Ebner-Eschenbach

Die Liebe zu *Einem* ist eine Barbarei: denn sie wird auf Unkosten aller übrigen ausgeübt. Auch die Liebe zu Gott.

Friedrich Nietzsche

Es gibt Menschen, die vielerlei lieben und ihre Liebe teilen – sie werden von vielen Dingen sanft gezogen: andere haben nur eines und müssen das Gefühl dafür steigern, daß sie die übrigen tausend linden Seidenfäden des Wohles entbehren lernen, womit das Herz der erstern täglich süß umhüllet und abgezogen wird.

Adalbert Stifter

Für das Geliebte leiden ist so süß
Und Hoffnung und Erinnrung sind ja Rosen
Von *einem* Stamme mit der Wirklichkeit
Nur ohne Dornen! . . .

Franz Grillparzer

Bittre Liebe

Lieben ist ein süßes Leiden,
wenn's nicht bitter wird durch Scheiden.
Bittres will ich dennoch leiden,
daß ich Süßes nicht darf meiden.

Friedrich von Logau

O, wie liebt der Mensch, wenn sich zwischen ihn und das Geliebte die Unmöglichkeit stellt! Darum auch das Vergangene.

Friedrich Hebbel

Ich meine, es müßte einmal ein sehr großer Schmerz über die Menschen kommen, wenn sie erkennen, daß sie sich nicht geliebt haben, wie sie sich hätten lieben können.

Christian Morgenstern

Jeder geliebte Gegenstand ist der Mittelpunkt eines Paradieses.

Novalis

Freiwillige Abhängigkeit ist der schönste Zustand, und wie wäre der möglich ohne Liebe.

Johann Wolfgang Goethe

Die Liebe zweier Liebenden ist fast nie die gleiche. Die Liebe der Leidenschaft hat ihren Kreislauf; abwechselnd liebt der eine mehr als der andere.

Stendhal

Wie ganz anders sind die Worte, die man einer geliebten Gestalt in Gedanken sagt, als wenn sie dann vor uns tritt und das dumme Herz erschrocken zurücksinkt und eine Flachheit vorbringt.

Adalbert Stifter

Die Kurzsichtigen sind verliebt. – Mitunter genügt schon eine stärkere Brille, um den Verliebten zu heilen; und wer die Kraft der Einbildung hätte, um ein Gesicht, eine Gestalt sich zwanzig Jahre älter vorzustellen, ginge vielleicht sehr ungestört durch das Leben.

Friedrich Nietzsche

Es gibt Leute, die nie verliebt gewesen wären, wenn sie nie von der Liebe hätten sprechen hören.

La Rochefoucauld

Die Frau verliert in der Liebe zu einem ausgezeichneten Manne das Bewußtsein ihres eigenen Wertes; der Mann kommt erst recht zum Bewußtsein des seinen durch die Liebe einer edlen Frau.

Marie von Ebner-Eschenbach

Jeder Mensch, der liebt, muß für den, den er lieb hat, ein *Tonikum* sein!

Sonst beginnt die organische Tragödie – –.

Peter Altenberg

Was aus Liebe getan wird, geschieht immer jenseits von Gut und Böse.

Friedrich Nietzsche

Es ist ein Merkmal der Liebe, daß alle Freuden und Leiden, die irgendwelche andere Leidenschaft und irgendwelches andere menschliche Begehren verursachen, uns mit einem Male nicht mehr berühren.

Stendhal

Das ist die wahre Liebe, die immer und immer sich gleich bleibt,
Wenn man ihr alles gewährt, wenn man ihr alles versagt.

Johann Wolfgang Goethe

Eifersucht und Leidenschaft

In der Eifersucht liegt mehr Eigenliebe als Liebe.

La Rochefoucauld

Vom Augenblick ab, wo man liebt, sieht selbst der Klügste kein Ding mehr so, wie es wirklich ist.

Stendhal

Eifersucht ist Beschämung; darum ist es eine einsame Leidenschaft ...

Rahel Varnhagen

Die Eifersucht wird stets mit der Liebe geboren, aber nicht immer stirbt sie mit ihr.

La Rochefoucauld

Die Eifersucht ist keine Leidenschaft! Die Eifersucht ist eine Furcht, die ewige, organische, unentrinnbare, innerlich sterben zu müssen! Eine Todesfurcht!

Peter Altenberg

Und kränkt die Liebe dich, sei dir's zur Lieb ein Sporn;
Daß du die Rose hast, das merkst du erst am Dorn.

Friedrich Rückert

Liebe ist, daß Du mir das Messer bist, mit dem ich in mir wühle.

Franz Kafka an Milena Jesenská

Die Liebe ist wie das Fieber. Sie entsteht und vergeht, ohne daß der Wille die geringste Gewalt darüber hat. Das ist ein Hauptunterschied zwischen der Liebe aus Galanterie und der Liebe aus Leidenschaft. Hat das geliebte Wesen wirklich gute Eigenschaften, so verdanken wir das nur einem glücklichen Zufall.

Stendhal

Die Liebe ist ein schöner Engel, aber oft ein schöner Todesengel für das gläubige, betrogne Herz!

Adalbert Stifter

Trennung läßt die schwächere Leidenschaft abnehmen und die große wachsen: wie der Wind die Kerzen auslöscht und das Feuer anfacht.

La Rochefoucauld

Man heilt Leidenschaften nicht durch Verstand, sondern nur durch andere Leidenschaften.

Ludwig Börne

Die Ehe ist auf andern Sachen aufgebaut

Die Liebe will nicht, daß man sich anders als durch sie allein gebunden fühlt ...

Michel de Montaigne

Freunde, Liebende und Eheleute sollen alles gemein haben, nur nicht die – Stube; die groben Forderungen und kleinlichen Zufälle der körperlichen Gegenwart sammeln sich als Lampenrauch um die reine weiße Flamme der Liebe.

Jean Paul

Die Ehe als langes Gespräch. – Man soll sich beim Eingehen einer Ehe die Frage vorlegen: glaubst du, dich mit dieser Frau bis ins Alter hinein gut zu unterhalten? Alles andere in der Ehe ist transitorisch, aber die meiste Zeit des Verkehrs gehört dem Gespräche an.

Friedrich Nietzsche

Die Ehe gibt dem einzelnen Begrenzung und dadurch dem Ganzen Sicherheit.

Friedrich Hebbel

Die Liebe

Die Liebe
Welch lieblicher Dunst;
Doch in der Ehe
Da steckt die Kunst.

Theodor Storm

Es ist ein Unsinn zu glauben, man könne glücklich werden, wenn man vierhändig eine Sonate spielen kann. Die Ehe ist auf andern Sachen aufgebaut.

Theodor Fontane an Georg Friedlaender

Es gibt wenig Menschen, die sich nicht schämten, einander geliebt zu haben, wenn sie sich nicht mehr lieben.

La Rochefoucauld

V
Der Mitmensch

Mann und Frau

Wenn eine Frau sagt »jeder«, meint sie: jedermann. Wenn ein Mann sagt »jeder«, meint er: jeder Mann.

Marie von Ebner-Eschenbach

Es gibt keinen ärgern Tyrannen, als den gemeinen Mann im häuslichen Kreise.

Friedrich Hebbel

Der Mann legt die Frauenseele auf das Prokrustesbett seiner Bedürfnisse.

Peter Altenberg

Ich will zugeben, daß die jungen Mädchen weniger körperliche Kräfte haben als die Knaben. Wenn man aber daraus auf den Geist schließen wollte, so müßten Voltaire und D'Alembert, die ersten Köpfe ihres Jahrhunderts, auch berühmte Boxer gewesen sein.

Stendhal

Man fordere nicht Wahrhaftigkeit von den Frauen, solange man sie in dem Glauben erzieht, ihr vornehmster Lebenszweck sei – zu gefallen.

Marie von Ebner-Eschenbach

Wenn ich Weltgeschichte lese und irgendeine Tat oder Erscheinung mich frappiert, so möchte ich manchmal das Weib sehen, das als geheime Triebfeder dahintersteckt (als Agens mittel- oder unmittelbar) – Die Weiber regieren, obgleich der »Moniteur« nur Männernamen verzeichnet – sie machen Geschichte, obgleich der Historiker nur Männernamen kennt …

Heinrich Heine

Die Männer haben immer zu tun und schicken die Seele auswärts, die Weiber müssen den ganzen Tag daheim bei ihrem Herzen bleiben.

Jean Paul

Wenn man gar nicht einmal die Geschlechter an den Kleidungen erkennen könnte, sondern auch noch sogar das Geschlecht erraten müßte, so würde eine neue Welt von Liebe entstehen.

Georg Christoph Lichtenberg

Ein Mann, der sich im Gespräche mit seiner Frau widerlegt fühlt, fängt sogleich an, sie zu überschreien: Er will und kann beweisen, daß ihm immer, auch wenn er falsch singt, die erste Stimme gebührt.

Marie von Ebner-Eschenbach

Ob die Weiber so viel Vernunft haben als die Männer, mag ich nicht entscheiden; aber sie haben ganz gewiß nicht so viel Unvernunft.

Johann Gottfried Seume

Je kräftiger und geistreicher und größer zwei Menschen sind, desto weniger vertragen sie sich unter *einem* Dekkenstück, wie große Insekten, die von *Früchten* leben, ungesellig sind (z. B. in jeder Haselnuß sitzt nur *ein* Käfer), indes die kleinen, die nur von *Blättern* zehren, z. B. die Blattläuse, nesterweise beisammenkleben.

Jean Paul

Eine gescheite Frau hat Millionen geborener Feinde: – alle dummen Männer.

Marie von Ebner-Eschenbach

Freunde

Die Freundschaft, die nicht Weisheit knüpfte, kann Torheit leicht auflösen.

William Shakespeare

Die Freundschaft der meisten Menschen ist nur eine Vorbereitung auf die Feindschaft.

Friedrich Hebbel

Dieser ist mir der Freund, der mit mir Strebendem wandelt;
Lädt er zum Sitzen mich ein, stehl ich für heute mich weg.

Johann Wolfgang Goethe

Nur Arbeitsame sich zu Freunden machen. – Der Müßige ist seinen Freunden gefährlich denn weil er nicht genug zu tun hat, redet er davon, was seine Freunde tun und nicht tun, mischt sich endlich hinein und macht sich beschwerlich: weshalb man klugerweise nur mit Arbeitsamen Freundschaft schließen soll.

Friedrich Nietzsche

In ein Stammbuch 1779

Wer Freunde sucht, ist sie zu finden wert:
Wer keinen hat, hat keinen noch begehrt.

Gotthold Ephraim Lessing

Wer sucht findet nicht, wer nicht sucht, wird gefunden.

Franz Kafka

Es gibt wenig aufrichtige Freunde – die Nachfrage ist auch gering.

Marie von Ebner-Eschenbach

Wer mehr, als einen Freund verlangt, verdient keinen.

Friedrich Hebbel

Trau' keinem Freunde sonder Mängel
Und lieb' ein Mädchen, keinen Engel.

Gotthold Ephraim Lessing

Nicht viel sind tausend Freund, ein einz'ger Feind
ist viel;
Denn diesem ist es Ernst, und jenen nur ein Spiel.

Friedrich Rückert

Die Freunde nennen sich aufrichtig; die Feinde sind es: daher man ihren Tadel zur Selbsterkenntnis benutzen sollte, als eine bittere Arznei. –

Arthur Schopenhauer

Freund und Feind

Teuer ist mir der Freund, doch auch den Feind kann
ich nützen,
Zeigt mir der Freund was ich kann, lehrt mich der
Feind was ich soll.

Friedrich Schiller

Ein wahrer Freund trägt mehr zu unserem Glück bei als tausend Feinde zu unserem Unglück.

Marie von Ebner-Eschenbach

Wenn man einen Menschen als Freund ansieht, so hat er nichts davon, als daß man ihn ebenso schlecht, unhöflich, und *hart* behandelt, als sich selbst . . .

Rahel Varnhagen an David Veit

Mangel an Vertraulichkeit. – Mangel an Vertraulichkeit unter Freunden ist ein Fehler, der nicht gerügt werden kann, ohne unheilbar zu werden.

Friedrich Nietzsche

Was uns gewöhnlich hindert, unsere Freunde auf den Grund unseres Herzens blicken zu lassen, ist nicht so sehr Mißtrauen gegen sie als gegen uns.

La Rochefoucauld

Selbst der bescheidenste Mensch hält mehr von sich, als sein bester Freund von ihm hält.

Marie von Ebner-Eschenbach

Wer in Gesellschaft seiner Freunde immer Worte wiegt, ist selten ein wahrer Freund, und selten der Freundschaft fähig; er denkt nur immer an sich und liebt sich zu viel. Man muß groß genug sein, sich seinen Freunden zu zeigen wie man ist. Verliert man sie, um seiner Schwachheit willen, so ist es ein glücklicher Verlust, so sind sie niemals Freunde gewesen.

Ewald Christian von Kleist

Was die Menschen Freundschaft genannt haben, ist nur eine Verabredung zur gegenseitigen Schonung der Interessen und zum Austausch guter Dienste; es ist schließlich nur ein Handel, bei dem die Eigenliebe stets auf ihren Gewinn bedacht ist.

La Rochefoucauld

Weinfreundschaft

Die Freundschaft, die der Wein gemacht,
wirkt wie der Wein nur eine Nacht.

Friedrich von Logau

Freundschaften, die wir selbst geknüpft haben, sind gewöhnlich wertvoller als die, welche aus nachbarlichen und verwandtschaftlichen Beziehungen hervorgehen. Die Natur hat uns frei und beweglich in die Welt gesetzt; wir sperren uns selbst in bestimmte Beschränkungen ein.

Michel de Montaigne

Silentium. – Man darf über seine Freunde nicht reden: sonst verredet man sich das Gefühl der Freundschaft.

Friedrich Nietzsche

Wahre, echte Freundschaft setzt eine starke, rein objektive und völlig uninteressierte Teilnahme am Wohl und Wehe des Andern voraus, und diese wieder ein wirkliches Sich mit dem Freunde identifizieren. Dem steht der Egoismus der menschlichen Natur so sehr entgegen, daß wahre Freundschaft zu den Dingen gehört, von denen man, wie von den kolossalen Seeschlangen, nicht weiß, ob sie fabelhaft sind, oder irgendwo existieren.

Arthur Schopenhauer

Treue Liebe kann zwischen Menschen von sehr verschiedenem, dauernde Freundschaft nur zwischen Menschen von gleichem Werte bestehen. Aus diesem Grunde ist die zweite viel seltener als die erste.

Marie von Ebner-Eschenbach

VI
Das Zusammenleben

Der Mensch liebt die Gesellschaft

Das Wichtigste für den Menschen ist der Mensch, da liegt nicht bloß sein Glück, da liegt auch seine Gesundheit.

Theodor Fontane an seinen Sohn Theodor

Wir leben immer in Beziehung auf unsere Mitmenschen; diese unsere Beschaffenheit, sie mag angelernt oder angeboren sein, bringt uns mehr Nachteile als Vorteile; wir betrügen uns um das, was wir wirklich brauchen können, weil wir uns äußerlich auf die öffentliche Meinung einstellen: es liegt uns nicht soviel daran, wie unser Wesen innerlich und in Wirklichkeit beschaffen ist, als daran, wie es sich vor der Öffentlichkeit ausnimmt.

Michel de Montaigne

Das Familienleben ist ein Eingriff in das Privatleben.

Karl Kraus

Was uns neue Bekanntschaften reizvoll macht, ist nicht so sehr der Überdruß an den alten oder Vergnügen am Wechsel, als die Befürchtung, von denen, die uns zu gut kennen, nicht genug, und die Hoffnung, von denen, die uns noch nicht so gut kennen, mehr bewundert zu werden.

La Rochefoucauld

Wie das Echo immer vielsilbiger wird, je weiter unser Ruf absteht, so muß die Seele, aus der wir ein schöneres begehren, nicht zu nahe an unsrer sein; und daher nimmt mit der Ferne der Leiber die Nähe der Seelen zu.

Jean Paul

Verkehr mit Menschen verführt zu Selbstbeobachtung.

Franz Kafka

Der Schlüssel

Willst du dich selber erkennen, so sieh wie die andern es treiben,
Willst du die andern verstehn, blick in dein eigenes Herz.

Friedrich Schiller

Es gibt keine Seele, die nicht ihr Wattenmeer hätte, in dem zu Zeiten der Ebbe jedermann spazierengehen kann.

Christian Morgenstern

Der Mensch liebt die Gesellschaft, und sollte es auch nur die von einem brennenden Rauchkerzchen sein.

Georg Christoph Lichtenberg

Geschäftigkeit ist, für eine gewisse Art Leute, ein Zeichen von Bedeutung und Würde; ihr Geist sucht seine Ruhe in der Bewegung wie die Kinder in der Wiege: sie sind ihren Freunden ebenso zu Diensten wie sich selber zur Last. Niemand verteilt sein Geld an andere, jedermann seine Zeit und sein Leben.

Michel de Montaigne

Wieviel Gutes man uns auch über uns sagen mag, man sagt uns nichts Neues.

La Rochefoucauld

Die Menschen denken über die Vorfälle des Lebens nicht so verschieden, als sie darüber sprechen.

Georg Christoph Lichtenberg

Sich mitzuteilen ist Natur; Mitgeteiltes aufzunehmen, wie es gegeben wird, ist Bildung.

Johann Wolfgang Goethe

Die Katzen halten keinen für eloquent, der nicht miauen kann.

Marie von Ebner-Eschenbach

Takt. Es ist ein feiner Gedanke, dem andern das Gefühl zu lassen, als sage er etwas Neues oder sage das Alte auf eine nicht ganz erwartete Weise, und eine schlechte Gewohnheit, zu tun, als ob sich jedes seiner Urteile von selbst verstehe.

Christian Morgenstern

Gespräche allgemeiner Natur müssen eine perfid versteckte Spitze gegen irgend jemanden an unserem Stammtische besitzen; es ist wie die Würze zu Speisen; man verdaut sie dann besser!

Peter Altenberg

Neben manchem andern sondern die Menschen auch Gesprochnes ab. Man muß das nicht gar so wichtig nehmen.

Kurt Tucholsky

Vertraulichkeit trägt mehr zur Konversation bei als der Geist.

La Rochefoucauld

Gegen die Vertraulichen. – Leute, welche uns ihr volles Vertrauen schenken, glauben dadurch ein Recht auf das unsrige zu haben. Dies ist ein Fehlschluß; durch Geschenke erwirbt man sich keine Rechte.

Friedrich Nietzsche

Verschwiegenheit fordern ist nicht das Mittel, sie zu erlangen.

Johann Wolfgang Goethe

Wir sind geborene Polizisten. Was ist Klatsch andres als Unterhaltung von Polizisten ohne Exekutivgewalt.

Christian Morgenstern

Über das Kommen mancher Leute tröstet uns nichts als – die Hoffnung auf ihr Gehen.

Marie von Ebner-Eschenbach

Man soll mit solchen verkehren, die ein gutes Bild von einem haben, so kann man besser werden, indem man es zu rechtfertigen sucht.

Bert Brecht

Die Wissenschaft vom Umgang mit den Menschen

Der Mensch ist an drei Proben zu erkennen. Erstlich: Erzürne ihn. Zweitens: Berausche ihn. Drittens: Teile mit ihm ein Erbe. Wenn er in der letzten Probe nicht mankiert, so ist er probat.

Johann Peter Hebel

»Er mißfällt mir.« – Warum? – »Ich bin ihm nicht gewachsen.« – Hat je ein Mensch so geantwortet?

Friedrich Nietzsche

Ein Mann mit großen Ideen ist ein unbequemer Nachbar.

Marie von Ebner-Eschenbach

Gegen große Vorzüge eines andern gibt es kein Rettungsmittel als die Liebe.

Johann Wolfgang Goethe

Das wichtigste im menschlichen Verkehr bleibt immer: die Leute bei schlechtem Gewissen zu erhalten.

Arthur Schnitzler

Immer listig sein ist das Kennzeichen kleiner Geister, und fast immer, wenn man sich dadurch auf der einen Seite deckt, gibt man sich auf der andern eine Blöße.

La Rochefoucauld

Du sollst nicht rechten und richten;
Du wirst es doch nicht schlichten.

Rahel Varnhagen

Um durch die Welt zu kommen, ist es zweckmäßig, einen großen Vorrat von *Vorsicht* und *Nachsicht* mitzunehmen: durch erstere wird man vor Schaden und Verlust, durch letztere vor Streit und Händeln geschützt.

Arthur Schopenhauer

Wir sind so gewohnt, uns vor anderen zu verstellen, daß wir uns am Ende vor uns selbst verstellen.

La Rochefoucauld

Weil die Menschen sehr geneigt zum Aufschieben und zur Langsamkeit sind, und gemeiniglich das, was um 5 Uhr des Morgens vor sich gehen soll, erst um 6 Uhr geschieht, so kann man sicher darauf rechnen, daß man die Oberhand in einer Sache behält, wenn man alles ohne den geringsten Verzug unternimmt.

Georg Christoph Lichtenberg

Früh-Aufstehen

Ich muß früh aufstehen. Meine Feinde stehen noch früher auf. Man darf sich von den Geschäftemachern nicht in den A-B-C-Tugenden schon übertreffen lassen.

Heimito von Doderer

Wo alle Leute so früh als möglich kommen wollen, da muß notwendig bei weitem der größere Teil zu spät kommen.

Georg Christoph Lichtenberg

Es ist schwerer, sich von andern nicht beherrschen zu lassen, als andere zu beherrschen.

La Rochefoucauld

Es ist dem Menschen leichter und geläufiger, zu schmeicheln als zu loben.

Jean Paul

Jeder sieht am Andern nur so viel, als er selbst auch ist: denn er kann ihn nur nach Maßgabe seiner eigenen Intelligenz fassen und verstehn.

Arthur Schopenhauer

Demütigung. – Findet jemand in einem geschenkten Sack Vorteil auch nur ein Korn Demütigung, so macht er doch noch eine böse Miene zum guten Spiele.

Friedrich Nietzsche

Gaben müssen den Beschenkten so tief betreffen, daß er erschrickt.

Walter Benjamin

Guter Rat

Hast du Verstand und ein Herz, so zeige nur eines von beiden;
Beides verdammen sie dir, zeigest du beides zugleich.

Friedrich Hölderlin

Man schätzt uns im täglichen Handel und Wandel mehr wegen unserer Fehler als wegen unserer guten Eigenschaften.

La Rochefoucauld

Wenn wir über jemanden umlernen müssen, so rechnen wir ihm die Unbequemlichkeit hart an, die er uns damit macht.

Friedrich Nietzsche

Höflichkeit

Unter Höflichkeit verstehe ich die Übung, mich selbst jederzeit einem Anderen aus dem Wege zu räumen. Deshalb ist das Zurücktreten vor der Tür ein Symbol, das alle anderen Formen der Höflichkeit einschließt.

Heimito von Doderer

Das Hutabnehmen ist eine Abkürzung unsres Körpers, ein Kleinermachen.

Georg Christoph Lichtenberg

Man muß niemand fürchten als sich selbst.

Ludwig Börne

Vorsicht und Mißtrauen sind gute Dinge, nur sind auch ihnen gegenüber Vorsicht und Mißtrauen nötig.

Christian Morgenstern

Mißtrauen kommt nie zu früh, aber oft zu spät.

Johann Gottfried Seume

Aus dem Traume deuten. – Was man mitunter im Wachen nicht genau weiß und fühlt – ob man gegen eine Person ein gutes oder ein schlechtes Gewissen habe – darüber belehrt völlig unzweideutig der Traum.

Friedrich Nietzsche

... denn es ist keine Neigung, keine Gewohnheit so stark, daß sie gegen die Mißreden vorzüglicher Menschen, in die man Vertrauen setzt, auf die Länge sich erhalten könnte.

Johann Wolfgang Goethe

Die Menschenhaut im natürlichen Zustande ist zu dünn für diese Welt, deshalb sorgt der Mensch dafür, daß sie dicker wird. Die Methode wäre unanfechtbar, wenn man das Wachstum stoppen könnte. Ein Stück präpariertes Leder zum Beispiel bleibt, aber eine Haut wächst, sie wird dicker und dicker.

Bert Brecht

Die Wissenschaft vom Umgang mit den Menschen ist übrigens eine sehr nützliche Wissenschaft. Sie erleichtert, wie Anmut und Schönheit, die erste Fühlungsnahme, aus der sich geselliger und freundschaftlicher Verkehr entwickeln kann; es ist, als ob sie uns ein Tor aufschlösse: wir können dann von den Mitmenschen lernen und zugleich ihnen zeigen und vor ihnen zur Geltung bringen, was in uns steckt, vorausgesetzt, daß etwas da ist, was die Mitteilung und die Beachtung lohnt.

Michel de Montaigne

Einsamkeit

Die feste Abgegrenztheit der menschlichen Körper ist schauerlich.

Franz Kafka

Einander kennen? Wir müßten uns die Schädeldecken aufbrechen und die Gedanken einander aus den Hirnfasern zerren.

Georg Büchner

Es gibt nichts so Grauenvolles wie die Fremdheit derer, die sich kennen.

Gerhart Hauptmann

... was kann denn am Ende der arme Mensch von einem andern Nebenmenschen abmalen, sich selbst vorstellen – lieben oder hassen – als das Bild, das er sich von ihm zu machen versteht, da das Ich des andern so wüstenweit von ihm getrennt ist wie kaum Weltsysteme, die wir doch durch Gläser aus ihrem Himmel ziehen?

Adalbert Stifter

Weil mich Geselligkeit mit Vielen nicht vereint,
Hält man mich hie und da für einen Menschenfeind.
Euch flieht nur mein Verstand, mein Herz ist euch geblieben,
Und ich entferne mich, um fürder euch zu lieben.

Franz Grillparzer

Nur der Einsame findet den Wald; wo ihn mehrere suchen, da flieht er, und nur die Bäume bleiben zurück.

Peter Rosegger

Ganz *er selbst sein* darf jeder nur so lange er allein ist: wer also nicht die Einsamkeit liebt, der liebt auch nicht die Freiheit: denn nur wann man allein ist, ist man frei.

Arthur Schopenhauer

Hüte dich vor dem Augenblick, da du anfängst, auf deine Einsamkeit stolz zu werden; im nächsten schon wacht die Sehnsucht nach Menschen in dir auf.

Arthur Schnitzler

Die Einsamkeit ist zum Genusse des eigenen Herzens und der Liebe nötig. Wer aber Erfolg haben will, muß sich in der Welt getummelt haben.

Stendhal

VII
Der Charakter

Was einem angehört

Es bildet ein Talent sich in der Stille,
Sich ein Charakter in dem Strom der Welt.

Johann Wolfgang Goethe

Über nichts wird flüchtiger geurteilt als über die Charaktere der Menschen, und doch sollte man in nichts behutsamer sein. Bei keiner Sache wartet man weniger das Ganze ab, das doch eigentlich den Charakter ausmacht, als hier. Ich habe immer gefunden, die sogenannten schlechten Leute gewinnen, wenn man sie genauer kennen lernt, und die guten verlieren.

Georg Christoph Lichtenberg

Mit bloßem Charakter ist auch nicht viel zu machen, oder doch höchstens Feiertags; Alltags verlangt man ein bißchen Esprit.

Theodor Fontane an seine Frau Emilie

Ein Charakter ist ein vollkommen gebildeter Willen.

Novalis

Die gesundesten und schönsten, regelmäßigst gebauten Leute sind die, die sich alles gefallen lassen. Sobald einer ein Gebrechen hat, so hat er seine eigne Meinung.

Georg Christoph Lichtenberg

Ich finde nichts lächerlicher als etwas lächerlich zu finden.

Ludwig Börne

Durch nichts bezeichnen die Menschen mehr ihren Charakter als durch das, was sie lächerlich finden.

Johann Wolfgang Goethe

Der Charakter des Menschen ist ihren Gesichtern eingepräget. Alle Leidenschaften verursachen besondere Züge in dem Gesicht. Sind sie von langer Dauer, so werden die Züge unauslöschlich.

Ewald Christian von Kleist

Wenn unser Charakter ausgebildet ist, fängt leider unsere Kraft an zusehens abzunehmen.

Johann Gottfried Seume

Einen festen Charakter haben, heißt lange und beständige Erfahrungen in den Enttäuschungen und Unglücksfällen des Lebens haben. Dann begehrt man entweder unbeugsam oder gar nicht.

Stendhal

Alles, alles kann einer vergessen, nur nicht sich selbst, sein eigenes Wesen. Denn der Charakter ist schlechthin inkorrigibel; weil alle Handlungen des Menschen aus einem inneren Prinzip fließen, vermöge dessen er, unter gleichen Umständen, stets das Gleiche tun muß und nicht anders kann.

Arthur Schopenhauer

Die Natur ist stärker als die Vorsätze.

Theodor Fontane an Paul Heyse

Da man sich sein Temperament, das heißt seine Seele, nicht willkürlich wählen kann, so muß man die einem zugeteilte Rolle spielen.

Stendhal

Kein Mensch kann sich zu seiner Person etwas hinzu-, oder von ihr etwas hinwegdenken.

Friedrich Hebbel

Für sein Tun und Lassen darf man keinen andern zum Muster nehmen; weil Lage, Umstände, Verhältnisse nie die gleichen sind, und weil die Verschiedenheit des Charakters auch der Handlung einen verschiedenen Anstrich gibt ...

Arthur Schopenhauer

Eine goldene Regel: Man muß die Menschen nicht nach ihren Meinungen beurteilen, sondern nach dem, was diese Meinungen aus ihnen machen.

Georg Christoph Lichtenberg

Aus so krummem Holze, als woraus der Mensch gemacht ist, kann nichts ganz Gerades gezimmert werden.

Immanuel Kant

Du kannst einen Menschen daran hindern, zu stehlen, aber nicht daran, ein Dieb zu sein.

Arthur Schnitzler

Was einem angehört, wird man nicht los, und wenn man es wegwürfe.

Johann Wolfgang Goethe

Stärken und Schwächen

Große Seelen sind nicht leicht zu finden; sie verbergen sich. Für gewöhnlich sieht man nur ein wenig Sonderlichkeit. Es gibt mehr große Seelen, als man glaubt.

Stendhal

Es ist, als wenn alles, was Menschen berühren, infiziert würde: Dinge, die an sich gut und schön sind, verderben, wenn sie in die Hände von uns Menschen geraten. Sogar die Tugend kann zum Laster werden, wenn wir zu gierig und heftig nach ihr greifen.

Michel de Montaigne

Das Behagen am Dasein verdirbt sich der Mensch sehr häufig durch seine sogenannten »starken Seiten«.

Wilhelm Raabe

Ohne Zweifel liegt diese Tendenz zum *schlechter werden* so tief in der menschlichen Natur, daß ihre Wirkung durch keine menschliche Veranstaltung gänzlich aufgehoben werden kann.

Christoph Martin Wieland

Seinen Hauptfehler kennen. Keiner lebt, der nicht das Gegengewicht seines glänzendesten Vorzugs in sich trüge: wird nun dasselbe noch von der Neigung begünstigt, so erlangt es eine tyrannische Gewalt. Man eröffne den Krieg dawider durch Aufrufen der Sorgfalt dagegen, und der erste Schritt sei, seinen Hauptfehler sich offenbar zu machen: denn einmal erkannt, wird er bald besiegt sein, vorzüglich wenn der damit Behaftete ihn ebenso deutlich auffaßt wie die Beobachter. Um Herr über sich zu sein, muß man sich gründlich kennen. Hat man erst jenen Anführer seiner Unvollkommenheiten zur Unterwerfung gebracht, werden alle übrigen nachfolgen.

Balthasar Gracián

Das schlimmste ist nicht: Fehler haben, nicht einmal sie nicht bekämpfen, ist schlimm. Schlimm ist, sie zu verstecken.

Bert Brecht

Sie setzte [. . .] die Tugend mehr im Bereuen der Fehler als im Vermeiden.

Georg Christoph Lichtenberg

Dummheit, die man bei den anderen sieht,
Wirkt meist erhebend aufs Gemüt.

Wilhelm Busch

Wenn wir selbst keine Fehler hätten, würden wir sie nicht mit so großem Vergnügen an anderen entdecken.

La Rochefoucauld

Wie man das Gewicht seines eigenen Körpers trägt, ohne es, wie doch das jedes fremden, den man bewegen will, zu fühlen; so bemerkt man nicht die eigenen Fehler und Laster, sondern nur die der andern. – Dafür aber hat jeder am andern einen Spiegel, in welchem er seine eigenen Laster, Fehler, Unarten und Widerlichkeiten jeder Art deutlich erblickt. Allein meistens verhält er sich dabei wie der Hund, welcher gegen den Spiegel bellt, weil er nicht weiß, daß er sich selbst sieht, sondern meint, es sei ein anderer Hund.

Arthur Schopenhauer

Das schlimmste ist, daß wir selbst, bei aller Verachtung, womit wir fremde Torheiten anzusehen gewohnt sind, große Ursache haben zu glauben, daß wir an ihrem Platze nicht weiser gewesen sein würden.

Christoph Martin Wieland

Wenn man etwas recht gründlich haßt, ohne zu wissen, warum, so kann man überzeugt sein, daß man davon einen Zug in seiner eigenen Natur hat.

Friedrich Hebbel

Der Mensch gewinnt meine Hochachtung, als ein unter hundert Auserlesener, welcher, wann er auf irgend etwas zu warten hat, also unbeschäftigt dasitzt, nicht sofort mit dem, was ihm gerade in die Hände kommt, etwan seinem Stock, oder Messer und Gabel, oder was sonst, taktmäßig hämmert oder klappert. Wahrscheinlich denkt er an etwas. Vielen Leuten hingegen sieht man an, daß bei ihnen das Sehn die Stelle des Denkens ganz eingenommen hat: sie suchen sich durch Klappern ihrer Existenz bewußt zu werden; wenn nämlich kein Cigarro bei der Hand ist, der eben diesem Zwecke dient. Aus dem selben Grunde sind sie auch beständig ganz Auge und Ohr für alles, was um sie vorgeht.

Arthur Schopenhauer

Wer in sich selbst verliebt ist, hat wenigstens bei seiner Liebe den Vorteil, daß er nicht viele Nebenbuhler erhalten wird.

Georg Christoph Lichtenberg

Man kann immerhin ehrlich sein, es ist nur dumm, sich's merken zu lassen.

Ludwig Börne

Man lernt spät lügen, und spät die Wahrheit sagen.

Rahel Varnhagen

O, man ist auch verzweifelt wenig, wenn man weiter nichts ist als ehrlich.

Gotthold Ephraim Lessing

Niemand verdient das Lob der Güte, wenn er nicht die Kraft hat, böse zu sein; jede andere Güte ist zumeist nur Trägheit oder Willensschwäche.

La Rochefoucauld

Und dann, wie soll sich die Seele anders als durch ein wenig Bosheit von einer Last befreien?

Franz Kafka an Milena Jesenská

Es ist eine alte Regel: Ein Unverschämter kann bescheiden aussehen, wenn er will, aber kein Bescheidener unverschämt.

Georg Christoph Lichtenberg

Aber die Schönheit, das muß wahr sein, macht selbstisch, und wer selbstisch ist, ist undankbar und treulos.

Theodor Fontane

Einigen Leuten stehen ihre Fehler gut, andere sind mit ihren guten Eigenschaften unangenehm.

La Rochefoucauld

Eigenheiten und Eigenschaften

Der *Stolz*, eine edle Leidenschaft, ist nicht blind gegen eigene Fehler, aber der *Hochmut* ist es.

Georg Christoph Lichtenberg

Ein stolzer Mensch verlangt von sich das Außerordentliche, ein hochmütiger schreibt es sich zu.

Marie von Ebner-Eschenbach

Der Stolz ist in allen Menschen gleich, verschieden ist er nur in den Mitteln und in der Art, sich zu äußern.

La Rochefoucauld

Der Ehrgeiz ist für die Seele, was der Hunger für den Leib ist.

Ludwig Börne

Die meisten Menschen lassen sich vom Ehrgeiz bestimmen; sie suchen nicht die Befriedigung durch die Sache, sondern die durch den Schein; wenn sie keinen Lärm hören, denken sie, man schläft.

Michel de Montaigne

Heftigen Ehrgeiz und Mißtrauen habe ich noch allemal beisammen gesehen.

Georg Christoph Lichtenberg

Courage ist gut, aber Ausdauer ist besser. Ausdauer, das ist die Hauptsache.

Theodor Fontane

Wollen heißt den Mut haben, sich einer Unannehmlichkeit auszusetzen. Sich derartig aussetzen, heißt den Zufall versuchen, also spielen.

Stendhal

Regel

Willst die Bescheidenheit du des Bescheidenen prüfen,
so forsche
Nicht ob er Beifall verschmäht; ob er den Tadel erträgt!

Franz Grillparzer

Man hat aus der Bescheidenheit eine Tugend gemacht, um den Ehrgeiz der Großen einzuschränken und um die Mittelmäßigen zu trösten über ihr geringes Vermögen und ihre geringen Verdienste.

La Rochefoucauld

Wer sich viel über Undankbarkeit beschwert, ist ein Taugenichts, der niemals aus Menschlichkeit, sondern aus Eigennutz andern gedienet hat.

Ewald Christian von Kleist

Wenn die Menschen sagen, sie wollen nichts geschenkt haben, so ist es gemeiniglich ein Zeichen, daß sie etwas geschenkt haben wollen.

Georg Christoph Lichtenberg

Der Leichtsinn ist ein Schwimmgürtel für den Strom des Lebens.

Ludwig Börne

Faulheit ist Dummheit des Körpers, und Dummheit Faulheit des Geistes.

Johann Gottfried Seume

Eigenheiten

Man soll seine Eigenheiten nicht für Begabungen halten. Sie sind nicht einmal Begabungs-Pforten, sondern das Gegenteil: blinde Tore, vermauerte Bogen.

Heimito von Doderer

Das Urteil der andern

Psychologie ist Lesen einer Spiegelschrift, also mühevoll und was das immer stimmende Resultat betrifft ergebnisreich, aber wirklich geschehn ist nichts.

Franz Kafka

Wer Ansprüche macht, beweist eben dadurch daß er keine zu machen hat.

Johann Gottfried Seume

Mir geht es so wie vielen, die weit besser wissen, wofür sie die Leute halten, als was sie eigentlich sind!

E. T. A. Hoffmann

Wir sind schließlich doch das, wofür uns Andre halten.

Theodor Fontane an Georg Friedlaender

Es ist leichter, für andere weise zu sein als für sich selbst.

La Rochefoucauld

Wer hat nicht für seinen guten Ruf schon einmal – sich selbst geopfert? –

Friedrich Nietzsche

In der Tat überschreitet der Wert, den wir auf die Meinung anderer legen, und unsere beständige Sorge in Betreff derselben, in der Regel, fast jede vernünftige Bezweckung, so daß sie als eine Art allgemein verbreiteter, oder vielmehr angeborener Manie angesehn werden kann. Bei allem, was wir tun und lassen, wird, fast vor allem andern, die fremde Meinung berücksichtigt, und aus der Sorge um sie werden wir, bei genauer Untersuchung, fast die Hälfte aller Bekümmernisse und Ängste, die wir jemals empfunden haben, hervorgegangen sehn. Denn sie liegt allem unserm, so oft gekränkten, weil so krankhaft empfindlichen, Selbstgefühl, allen unsern Eitelkeiten und Prätensionen, wie auch unserm Prunken und Großtun zum Grunde.

Arthur Schopenhauer

Wer täte nicht viel für den Ruhm, aber wer
Tut's für das Schweigen?

Bert Brecht

Der Ruhm, nach dem wir trachten,
Den wir unsterblich achten,
Ist nur ein falscher Wahn.

Andreas Gryphius

Aber der Ruhm, welcher vor denen flieht, die ihn suchen, folgt denen nach, welche sich nicht um ihn bemühen.

Jacob Burckhardt

Wer nur recht tut, weil andre es erfahren können und weil er dann in der Schätzung der Mitmenschen steigt; wer nur unter der Voraussetzung, daß seine Tugend den Mitmenschen bekannt wird, anständig handeln will, aus dem wird keine Persönlichkeit, auf die man sich verlassen kann.

Michel de Montaigne

Ziel und Wege

Wir schwachen Menschen leben lieber von den Vorschüssen, die wir der Zukunft abborgen, als von den zwar mäßigen, aber sichern Renten der Vergangenheit.

Karl Gutzkow

Der größte Vorwurf, den wir uns machen können, ist sicherlich der, daß wir die Ideen von Ehre und Gerechtigkeit, die von Zeit zu Zeit in unseren Herzen erstehen, sich verflüchtigen lassen, als ob sie leere Traumgebilde wären.

Stendhal

Hunger zurücklassen: selbst den Nektarbecher muß man den Lippen entreißen. Das Begehren ist das Maß der Wertschätzung. Sogar bei dem leiblichen Durst ist es eine Feinheit, ihn zu beschwichtigen, aber nicht ganz zu löschen. Das Gute, wenn wenig, ist doppelt gut. Das zweite Mal führt ein beträchtliches Sinken herbei.

Balthasar Gracián

Wer ein Ziel will, darf den Weg nicht scheuen, er sei glatt oder rauh.

Theodor Fontane an seine Mutter Emilie

Nutze jede Stunde; wenn Du das Heute wahrnimmst, wirst Du weniger vom Morgen abhängen; indem man das Leben aufschiebt, eilt es von dannen.

Seneca an Lucilius

Kein Geld ist vorteilhafter angewandt, als das, um welches wir uns haben prellen lassen: denn wir haben dafür unmittelbar Klugheit eingehandelt.

Arthur Schopenhauer

Von allen Heilmitteln der Seele ist die Zeit zwar das wirksamste, aber auch das kostspieligste. Man muß es mit einem unwiederbringlichen Dasein bezahlen.

Karl Gutzkow

O die Wunde des Gewissens wird keine Narbe, und die Zeit kühlt sie nicht mit ihrem Flügel, sondern hält sie bloß offen mit ihrer Sense.

Jean Paul

Die Leute, die niemals Zeit haben, tun am wenigsten.

Georg Christoph Lichtenberg

Ziel und Wege. – Viele sind hartnäckig in bezug auf den einmal eingeschlagenen Weg, wenige in bezug auf das Ziel.

Friedrich Nietzsche

VIII
Die Umwelt

Natur – der Duft der Dinge

Wenn sie die Wahrheit in der Natur gefunden haben, so schmeißen sie sie wieder in ein Buch, wo sie noch schlechter aufgehoben ist.

Georg Christoph Lichtenberg

Die Natur ist die große Ruhe gegenüber unserer Beweglichkeit. Darum wird sie der Mensch immer mehr lieben, je feiner und beweglicher er werden wird. Sie gibt ihm die großen Züge, die weiten Perspektiven und zugleich das Bild einer bei aller unermüdlichen Entwicklung erhabenen Gelassenheit.

Christian Morgenstern

Die Natur ist kein Tempel, sondern eine Werkstatt, und der Mensch hat darin zu arbeiten.

Iwan Turgenjew

Ich hab' mich eigentlich niemals kleiner gefühlt, als eben im Frühling. Die treibende Unendlichkeit drängt sich um meine Brust herum und schließt sie zu, und erst, wenn der Sommer jämmerlich mit seinen alten Stereotypen zu Markte zieht, wird mir's wieder leicht, und der innere Vesuv wirft sein altes Feuer.

Friedrich Hebbel

Ich liebe schöne Landschaften. Sie machen zuweilen auf meine Seele den gleichen Eindruck wie der Bogen eines Künstlers auf einer klangvollen Geige. Sie geben mir närrische Anwandlungen. Sie mehren mein Glück und machen mir das Leid erträglicher.

Stendhal

Das beständige Leben im Zimmer wird bald zur kränkelnden Vegetation. Wer Kraft und Mut und Licht mehren will, gehe hinaus in die Elemente.

Johann Gottfried Seume

Wer Landschaft sieht, Landschaft wahr sieht, wahre Landschaft sieht: der sieht die wahre Verlassenheit des Menschen.

Gerhart Hauptmann

Wärt Ihr, Schwärmer, imstande, die Ideale zu fassen,
O so verehrtet ihr auch, wie sich's gebührt, die Natur.

Johann Wolfgang Goethe

Die Schwärmerei für die *Natur* kommt von der Unbewohnbarkeit der Städte.

Bert Brecht

Die freie Natur. – Wir sind so gern in der freien Natur, weil diese keine Meinung über uns hat.

Friedrich Nietzsche

Auf die Dauer fesselt die Landschaft allein nicht. Es bedarf eines geistigen oder geschichtlichen Reizes. Beides zusammen gibt erst den vollen Genuß.

Stendhal

Warum erfüllen uns Gräser, eine Wiese, eine Tanne mit so reiner Lust? Weil wir da Lebendiges vor uns sehen, das nur von außen her zerstört werden kann, nicht durch sich selbst. Der Baum wird nie an gebrochenem Herzen sterben und das Gras nie seinen Verstand verlieren. Von außen droht ihnen jede mögliche Gefahr, von innen her aber sind sie gefeit. Sie fallen sich nicht selbst in den Rücken wie der Mensch mit seinem Geist und ersparen uns damit das wiederholte Schauspiel unseres eigenen zwiespältigen – darum aber freilich auch um so entwicklungsfähigeren – Lebens.

Christian Morgenstern

Alles Behagen am Leben ist auf eine regelmäßige Wiederkehr der äußeren Dinge gegründet. Der Wechsel von Tag und Nacht, der Jahreszeiten, der Blüten und Früchte, und was uns sonst von Epoche zu Epoche entgegentritt, damit wir es genießen können und sollen, diese sind die eigentlichen Triebfedern des irdischen Lebens. Je offner wir für diese Genüsse sind, desto glücklicher fühlen wir uns; wälzt sich aber die Verschiedenheit dieser Erscheinungen vor uns auf und nieder, ohne daß wir daran teilnehmen, sind wir gegen so holde Anbietungen unempfänglich, dann tritt das größte Übel, die schwerste Krankheit ein: man betrachtet das Leben als eine ekelhafte Last.

Johann Wolfgang Goethe

Vor dem Hohlspiegel unsrer Sinne hängt nur das Luftbild einer Welt, die wahre hat Gott allein.

Adalbert Stifter

Unser Erklären der Natur besteht darin, daß wir nur selten vorkommendes Unverständliches auf ein oft vorkommendes, aber eben so Unverständliches, zurückführen.

Franz Grillparzer

Der Duft der Dinge ist die Sehnsucht, die sie uns nach sich erwecken.

Christian Morgenstern

Ferne und Nähe

O Ferne, du meine Heimat.

Christian Morgenstern

Nicht an den Orten liegt der Fehler, sondern in uns selbst.

Seneca

Einen gepackten Reisewagen und einen Dolch sollte ein jeder haben; daß, wenn er sich fühlt, er gleich abreisen kann.

Rahel Varnhagen

Zivilisation: Der Osten verliert sein Östliches, der Westen sein Westliches: beide ihr Köstliches!

Gerhart Hauptmann

Wer einen Pfau braucht, muß die Mühe einer Reise nach Indien auf sich nehmen.

Persische Weisheit

Vergnügungs-Reisende. – Sie steigen wie Tiere den Berg hinauf, dumm und schwitzend; man hatte ihnen zu sagen vergessen, daß es unterwegs schöne Aussichten gebe.

Friedrich Nietzsche

Und wenn der Mensch noch so gerne immer in das Fernste schweifen möchte; er wird doch immer wieder mit der Nase auf das Nächstliegende gestoßen. – Schön ist es freilich nicht immer.

Wilhelm Raabe

Man kann alle Reisenden in zwei Charakterklassen teilen, in freundliche Sanguiniker, die überall sehen und auch sehen *wollen*, wodurch sich die Fremde vorteilhaft von ihrer Heimat unterscheidet, und in leberkranke Nörgler, die sich zu Hause eine Vortrefflichkeitschablone zurechtgemacht haben und über alles verstimmt sind, was davon abweicht.

Theodor Fontane an seine Frau Emilie

Der Zufall ist der Gott der Reisenden.

Friedrich Hebbel

Unser wahres Vaterland ist dort, wo wir die meisten Wahlverwandten finden.

Stendhal

Daß du fern vom Vaterlande bist, das macht dich nicht unglücklich; du bist so verständig, zu wissen, daß des Weisen Vaterland überall ist.

Seneca

Ach! für des Menschen wilde Brust ist keine Heimat möglich; und wie der Sonne Strahl die Pflanzen der Erde, die er entfaltete, wieder versengt, so tötet der Mensch die süßen Blumen, die an seiner Brust gedeihten, die Freuden der Verwandtschaft und der Liebe.

Friedrich Hölderlin

Am häßlichsten. – Es ist zu bezweifeln, ob ein Vielgereister irgendwo in der Welt häßlichere Gegenden gefunden hat als im menschlichen Gesicht.

Friedrich Nietzsche

Was hilft es, über das Meer zu setzen und den Wohnort zu wechseln? Wenn Du dem, was Dich drückt, entgehen willst, so mußt Du nicht an einem anderen Ort sein, sondern selbst ein anderer sein ... Deine Reise wird Dir keine Erleichterung schaffen; denn Du reisest mit Deinen Leidenschaften, und Deine Übel folgen Dir nach.

Seneca an Lucilius

Ferne und Nähe

Wenn nicht vieles fern wäre, und wir könnten alles immer gleich aus der Nähe des Raumes oder auch der Zeit sehen: wir stürben – bei so enormer Oberfläche und Fassungskraft des Aug's – an der Banalität dieser Welt.

Heimito von Doderer

IX
Die Weisheit ersetzt die Schätze

Der Wert der Bildung

Beginnende Bildung fängt immer mit dem Tadel an, vollendete aber sieht in jedem das Positive.

Georg Wilhelm Friedrich Hegel

Durchschnittsmenschen glauben sich so schnell wie möglich verewigen zu müssen, damit die Herrlichkeit nicht ausstirbt.

Theodor Fontane

Der Ungebildete sieht überall nur Einzelnes, der Halbgebildete die Regel, der Gebildete die Ausnahme.

Franz Grillparzer

Ausnahmen sind nicht immer Bestätigung der alten Regel; sie können auch die Vorboten einer neuen Regel sein.

Marie von Ebner-Eschenbach

Bildung ist ein durchaus relativer Begriff. Gebildet ist jeder, der das hat, was er für seinen Lebenskreis braucht. Was darüber, das ist vom Übel.

Friedrich Hebbel

Mittelmäßige Menschen verurteilen meist alles, was über ihren Horizont geht.

La Rochefoucauld

Der Aberglauben schlimmster ist, den seinen
Für den erträglichern zu halten ...

Gotthold Ephraim Lessing

Was sie sechzig Jahre sehen und was ihr Vater und Großvater auch sechzig Jahre gesehen haben, das ist ihnen das Natürliche, wie verkehrt es auch sein mag – und wer sich dagegen auflehnt und ein Neues bringt, der ist ein Fremdling unter ihnen, ein Aufrührer gegen die Natur.

Adalbert Stifter

In älteren Jahren nichts mehr lernen *können*, hängt mit dem in älteren Jahren sich nicht mehr befehlen lassen wollen zusammen, und zwar sehr genau.

Georg Christoph Lichtenberg

Der Mensch muß klug sein, aber nicht gebildet. Da sich nun aber Bildung, wie Katarrh bei Ostwind, kaum vermeiden läßt, so muß man beständig auf der Hut sein, daß aus der kleinen Affektion nicht die galoppierende Schwindsucht wird.

Theodor Fontane an seine Tochter Martha

Wie in allen Dingen, so leiden wir auch in der Wissenschaft am Zuviel; nicht für das Leben, sondern für die Schule lernen wir.

Seneca an Lucilius

Jede Stufe der Bildung fängt mit Kindheit an. Daher ist der am meisten gebildete, irdische Mensch dem Kinde so ähnlich.

Novalis

Wenn die Neugier sich auf ernsthafte Dinge richtet, dann nennt man sie Wissensdrang.

Marie von Ebner-Eschenbach

Die Menschen nutzen wahrhaft ihr Leben zu wenig; es ist also kein Wunder, daß es noch so einfältig in der Welt aussieht. Womit bringt man sein Alter hin? Mit Verteidigung von Meinungen; nicht weil man glaubt, daß sie wahr sind, sondern weil man einmal öffentlich gesagt hat, daß man sie für wahr halte.

Georg Christoph Lichtenberg

Brich ab das Lernen, so bist du sorgenfrei!

Lao-tse

Der Gedanke tritt zwischen den Menschen und das Leben; er verbrennt die Früchte, die es bietet.

Friedrich Hebbel

Der Aberglaub', in dem wir aufgewachsen,
Verliert, auch wenn wir ihn erkennen, darum
Doch seine Macht nicht über uns. – Es sind
Nicht alle frei, die ihrer Ketten spotten.

Gotthold Ephraim Lessing

Der Weg der neuern Bildung geht
Von Humanität
Durch Nationalität
Zur Bestialität.

Franz Grillparzer

Bildung und Eleganz. Der Mensch wird als ein Barbar geboren und nur die Bildung befreit ihn von der Bestialität. Die Bildung macht den Mann, und um so mehr, je höher sie ist.

Balthasar Gracián

Es gibt Menschen, die geizen mit ihrem Verstande wie andere mit ihrem Gelde.

Ludwig Börne

Für das Können gibt es nur einen Beweis: das Tun.

Marie von Ebner-Eschenbach

Der Wert der Bildung offenbart sich am deutlichsten, wenn die Gebildeten zu einem Problem, das außerhalb ihrer Bildungsdomäne liegt, das Wort ergreifen.

Karl Kraus

Laß dir von keinem Fachmann imponieren, der dir erzählt: »Lieber Freund, das mache ich schon seit zwanzig Jahren so!« – Man kann eine Sache auch zwanzig Jahre lang falsch machen.

Kurt Tucholsky

Alles, worein der Mensch sich ernstlich einläßt, ist ein Unendliches; nur durch wetteifernde Tätigkeit weiß er sich dagegen zu helfen …

Johann Wolfgang Goethe

Die Posse vieler Arbeitsamen. – Sie erkämpfen durch ein Übermaß von Anstrengung sich freie Zeit und wissen nachher nichts mit ihr anzufangen als die Stunden abzuzählen, bis sie abgelaufen sind.

Friedrich Nietzsche

Das immer Arbeiten-müssen macht egoistisch wie alles Ausschließliche; es ist bürgerlich respektabel und verdirbt *doch* den Charakter. Ein liebenswürdiges Bummeln, wenn es ohne schwere Pflichtverletzung geschehen kann, berührt wohltuender als die ewige unerbittliche Korrektheit.

Theodor Fontane an Mathilde von Rohr

Das heiße Verlangen, eine Rolle in der sogenannten großen Welt zu spielen, bezeugt einen gewöhnlichen Geist. Der sich besser Fühlende kömmt davon bald zurück.

August von Platen

Wert eines Berufs. – Ein Beruf macht gedankenlos; darin liegt sein größter Segen. Denn er ist eine Schutzwehr, hinter welche man sich, wenn Bedenken und Sorgen allgemeiner Art einen anfallen, erlaubtermaßen zurückziehen kann.

Friedrich Nietzsche

Wir können groß erscheinen in einem Amt, das geringer ist, als unseren Verdiensten zukommt, aber wir erscheinen oft klein in einem Amt, das größer ist als wir.

La Rochefoucauld

Wem Gott ein Amt gibt, dem gibt er auch Verstand, – ist ein alter Scherz, den man wohl in unsren Zeiten nicht gar für Ernst wird behaupten wollen.

Georg Wilhelm Friedrich Hegel

Man soll keinen auf einem öffentlichen Posten halten, weil er »Erfahrung« in gerade dieser Angelegenheit hat. Er soll lernen, seine Erfahrung weiterzugeben, statt sie als Besitz zu verwerten.

Bert Brecht

Um ein öffentliches Amt glänzend zu verwalten, braucht man eine gewisse Anzahl guter und – schlechter Eigenschaften.

Marie von Ebner-Eschenbach

Ich habe das schon mehr bemerkt, die Leute von Profession wissen oft das Beste nicht.

Georg Christoph Lichtenberg

Im Durchschnitt sind daher die Menschen am glücklichsten, die ein angeborenes, ein Familientalent im häuslichen Kreise auszubilden Gelegenheit finden.

Johann Wolfgang Goethe

Nicht jeder, der sich bemüht,
kann eine Gazelle erjagen,
doch wer die Gazelle erjagt,
der hat sich sicher bemüht!

Arabische Weisheit

Das Glück besteht darin, daß man *da* steht, wo man seiner Natur nach hingehört; selbst die Tugend- und Moralfrage verblaßt daneben.

Theodor Fontane an Gustav Karpeles

Die am wenigsten gespannte und natürlichste seelische Haltung ist die schönste; das beste Tun ist das, welches am wenigsten krampfhafte Anstrengung verlangt. Mein Gott, was leistet die Weisheit doch denen für einen guten Dienst, denen sie die Wünsche nach ihren Kräften regelt.

Michel de Montaigne

. . . eine Arbeit, die der eigensten Natur nicht gemäß ist, hat keinen Wert. (Man muß mit Leib und Seele dabei sein!)

Seneca

... man kann eben auch sagen, daß es inkomplette, unvollständige Menschen gibt. Es sind diejenigen, deren Sehnsucht und Streben mit ihrem Tun und Leisten nicht proportioniert ist.

Johann Wolfgang Goethe

Ruhige Fruchtbarkeit. – Die geborenen Aristokraten des Geistes sind nicht zu eifrig; ihre Schöpfungen erscheinen und fallen an einem ruhigen Herbstabend vom Baume, ohne hastig begehrt, gefördert, durch Neues verdrängt zu werden. Das unablässige Schaffenwollen ist gemein und zeigt Eifersucht, Neid, Ehrgeiz an. Wenn man etwas ist, so braucht man eigentlich nichts zu machen – und tut doch sehr viel. Es gibt über dem »produktiven« Menschen noch eine höhere Gattung.

Friedrich Nietzsche

Man soll niemanden in seiner Profession lächerlich machen, er kann dadurch unglücklich werden.

Georg Christoph Lichtenberg

Techniker

Einen Techniker nennt man jedes Individuum, das den Versuch, unser Leben durch Kniffe und eine gewisse Fallenstellerei für die Naturkräfte gründlich zu verändern, für eine erstrangige Sache hält.

Heimito von Doderer

Liebhabereien bewahren vor Leidenschaften; eine Liebhaberei wird zur Leidenschaft.

Marie von Ebner-Eschenbach

Beruf. – Ein Beruf ist das Rückgrat des Lebens.

Friedrich Nietzsche

Streben und Suchen

Wer zuviel verlangt, wer sich am Verwickelten erfreut, der ist den Verirrungen ausgesetzt.

Johann Wolfgang Goethe

Der von der Heerstraße nicht weggekommen ist, sollte sich nichts darauf zugute tun, daß er sich nie verirrt hat.

Marie von Ebner-Eschenbach

Wer mit Ungeheuern kämpft, mag zusehn, daß er nicht dabei zum Ungeheuer wird. Und wenn du lange in einen Abgrund blickst, blickt der Abgrund auch in dich hinein.

Friedrich Nietzsche

Wenn auch die Klügsten fehlen, wessen Irrtum findet dann nicht eine Entschuldigung?

Seneca

Trost

Nie verläßt uns der Irrtum, doch zieht ein höher Bedürfnis
Immer den strebenden Geist leise zur Wahrheit hinan.

Friedrich Schiller

... diesen Fall gibt es, einen einzigen Fall, in dem sich der Mensch absichtlich, wissentlich Schädliches, Dummes, ja sogar das Allerdümmste wünscht, und zwar: um das *Recht zu haben*, sich sogar das Dümmste wünschen zu können und nicht gebunden zu sein durch die Pflicht, sich nur Kluges wünschen zu müssen.

Fjodor Dostojewskij

Um sein Nichtwissen wissen
Ist das Höchste.
Um sein Wissen nicht wissen
Ist krankhaft.

Lao-tse

Denken ist etwas, das auf Schwierigkeiten folgt und dem Handeln vorausgeht.

Bert Brecht

Denken ist Graben, und mit einem Senkblei messen. Viele Menschen haben keine Kräfte zum Graben, auch andere keinen Mut und Gewohnheit, das Blei ins Tiefe sinken zu lassen.

Rahel Varnhagen

Alles Gescheite ist schon gedacht worden, man muß nur versuchen, es noch einmal zu denken.

Johann Wolfgang Goethe

Der Gedanke ist ein Gefundenes, ein Wiedergefundenes. Und wer ihn sucht, ist ein ehrlicher Finder, ihm gehört er, auch wenn ihn vor ihm schon ein anderer gefunden hätte.

Karl Kraus

Original. – Nicht daß man etwas Neues zuerst sieht, sondern daß man das Alte, Altbekannte, von jedermann Gesehene und Übersehene *wie neu* sieht, zeichnet die eigentlich originalen Köpfe aus. Der erste Entdecker ist gemeinhin jener ganz gewöhnliche und geistlose Phantast – der Zufall.

Friedrich Nietzsche

Weise erdenken die neuen Gedanken, und Narren verbreiten sie.

Heinrich Heine

Wer sich mit den Studien unnützer Wissenschaften befaßt, der tut bei aller Geschäftigkeit nichts ...

Seneca

Wenn jemand meinte, die Bäume seien da, um den Himmel zu stützen, so müßten sie ihm alle zu kurz vorkommen.

Franz Grillparzer

Wer sich zu viel mit kleinen Dingen abgibt, wird gewöhnlich unfähig zu großen.

La Rochefoucauld

Ich mißtraue allen Systematikern und gehe ihnen aus dem Weg. Der Wille zum System ist ein Mangel an Rechtschaffenheit.

Friedrich Nietzsche

Sätze von Systemen hängen aneinander wie Mitglieder von Verbrecherbanden. Einzeln überwältigt man sie leichter.

Bert Brecht

Es gibt drei Dinge, welche uns in die Lage bringen, über uns selbst hinaus wachsen zu können: die Einsamkeit, die großen Bücher, das heißt der gedruckte Geist, die gedruckten Herzen großer Menschen; und die Natur.

Peter Altenberg

Wir haben also unser Wahrheitsbild durch das Zusammenwirken unserer fünf Sinne, die wir zu Rate ziehen können, aufgebaut; aber vielleicht wären die gleichzeitigen Beiträge von acht oder zehn Sinnen nötig, um eine Wahrheit mit Sicherheit ihrem Wesen nach aufnehmen zu können.

Michel de Montaigne

Wer kann behaupten, daß die Naturgesetze ewig sind.
Wir kennen nur das eine Ende davon.

Wilhelm Busch

Nie umsonst. – Im Gebirge der Wahrheit kletterst du nie umsonst: entweder du kommst schon heute weiter hinauf oder du übst deine Kräfte, um morgen höher steigen zu können.

Friedrich Nietzsche

Für uns Menschen muß überall der Punkt, bis zu dem wir vordringen können, anstatt der Wahrheit gelten.

Friedrich Hebbel

Unwissen ist die einzige Tragödie des Daseins. Es gibt keine andere.

Peter Altenberg

Wer kein Narr ist, ist deshalb noch lange nicht so weise, wie er glaubt.

La Rochefoucauld

Unwissenheit

Eine geistige Entwicklung kann sehr wohl auch mit einer Zunahme der Unwissenheit verbunden sein. Man wickelt sich aus den Binden vermeintlichen Wissens wie eine auferstehende Mumie.

Heimito von Doderer

Klug ist nicht, der keine Fehler macht, sondern
Klug ist, der sie schnell zu verbessern versteht.

Bert Brecht

los erklären, so liegt darin eine gefährliche und folgenschwere Dreistigkeit, abgesehen von der törichten Anmaßung, die damit verbunden ist ...

Michel de Montaigne

Gott schuf den Menschen nach seinem Bilde, sagt die Bibel, die Philosophen machen es grade umgekehrt, sie schaffen Gott nach dem ihrigen.

Georg Christoph Lichtenberg

Laß ab von diesem Zweifeln, Klauben,
Vor dem das Beste selbst zerfällt,
Und wahre dir den vollen Glauben
An diese Welt *trotz* dieser Welt.

Theodor Fontane

... das Wollen ist das Himmelreich der Menschen, das Vollbringen das der Götter.

Adalbert Stifter

Durch Lehren lernen wir; das Sprichwort bleibt in Ehren,
Doch wahr ist's auch, daß wir durch Lernen selbst uns lehren.

Friedrich Rückert

Wirklich urteilen kann nur die Partei, als Partei aber kann sie nicht urteilen. Demnach gibt es in der Welt keine Urteilsmöglichkeit, sondern nur deren Schimmer.

Franz Kafka

Es ist Torheit, von unserem Geist die Fähigkeit zu erwarten, daß er beurteilen kann, was wahr und was falsch ist.

Michel de Montaigne

Um ein Ding ganz zu kennen, muß man es seinen kleinsten Teilen nach kennen: und da es deren fast unendlich viele gibt, bleiben unsere Kenntnisse stets oberflächlich

Glaube

Der Ungläubige glaubt mehr als er meint,
Der Gläubige weniger als ihm scheint.

Franz Grillparzer

Für die, welche an keine Unsterblichkeit glauben, gibt es auch keine.

Ludwig Börne

Nicht das Welträtsel läßt sich entziffern, aber es läßt sich vielleicht noch beweisen, warum dies nicht möglich ist.

Friedrich Hebbel

Man muß aufhören können zu fragen, im Täglichen wie im Ewigen.

Christian Morgenstern

Es ist ein großer Unterschied zwischen etwas *noch* glauben und es *wieder* glauben. Noch glauben, daß der Mond auf die Pflanze wirke, verrät Dummheit und Aberglaube, aber es *wieder* glauben zeugt von Philosophie und Nachdenken.

Georg Christoph Lichtenberg

Der Gedanke an die Vergänglichkeit aller irdischen Dinge ist ein Quell unendlichen Leids – und ein Quell unendlichen Trostes.

Marie von Ebner-Eschenbach

Wer ewig ohne Begehren,
Wird das Geheimste schaun;
Wer ewig hat Begehren,
Erblickt nur seinen Saum.

Lao-tse

So gibt ein großer und seiner besseren Natur bewußter Geist sich wohl Mühe, auf dem Platz gut und tüchtig auszuharren, wohin er gestellt ist, doch von dem, was um ihn ist, betrachtet er nichts als sein Eigentum, sondern er gebraucht es nur wie Geliehenes und eilt wie ein Fremdling daran vorüber.

Seneca an Lucilius

Der Weise verzichtet auf alles, worauf sich irgend verzichten läßt; denn er weiß, daß jedes Ding eine Wolke von Unfrieden um sich hat.

Christian Morgenstern

Im Kampf zwischen Dir und der Welt, sekundiere der Welt.

Franz Kafka

Einsamkeit ist das Los aller hervorragenden Geister: sie werden solche bisweilen beseufzen; aber stets sie als das kleinere von zwei Übeln erwählen

Arthur Schopenhauer

Zu schätzen wissen. Es gibt keinen, der nicht in irgend etwas der Lehrer des andern sein könnte: und jeder, der andere übertrifft, wird selbst noch von jemandem übertroffen werden. Von jedem Nutzen zu ziehn verstehn ist ein nützliches Wissen. Der Weise schätzt alle, weil er in jedem das Gute erkennt und weiß, wieviel dazu gehört, eine Sache gut zu machen. Der Dumme verachtet alle, weil er das Gute nicht kennt und das Schlechtere erwählt.

Balthasar Gracián

Wer die Menschen kennt, der ist klug;
Wer sich selber kennt, ist erleuchtet.
Wer andere Menschen besiegt, hat Gewalt;
Wer sich selbst besiegt, der ist stark.

Wer Genügen kennt, der ist reich;
Wer vorgeht mit Gewalt, der hat Willen.
Wer seinen Platz nicht verliert, der dauert;
Wer stirbt, ohne zu vergehn, lebt immerdar.

Lao-tse

Woran die Weisheit zu messen ist. – Der Zuwachs an Weisheit läßt sich genau nach der Abnahme an Galle bemessen.

Friedrich Nietzsche

Diejenigen allein leben in Muße, die ihre Zeit der Weisheit widmen, sie allein leben wahrhaft, denn sie benutzen nicht nur ihre eigene Lebenszeit gut, sondern sie machen sogar jedes andere Zeitalter zu dem ihrigen.

Seneca

Die Unerschütterlichkeit der Weisen ist nichts anderes als die Kunst, Stürme in ihrem Herzen zu verschließen.

La Rochefoucauld

Leidenschaftslos sein: eine Eigenschaft der höchsten Geistesgröße, deren Überlegenheit selbst sie loskauft vom Joche gemeiner äußerer Eindrücke. Keine höhere Herrschaft als die über sich selbst und über seine Affekte: sie wird zum Triumph des freien Willens.

Balthasar Gracián

Das Leben als Ertrag des Lebens. – Der Mensch mag sich noch so weit mit seiner Erkenntnis ausrecken, sich selber noch so objektiv vorkommen: zuletzt trägt er doch nichts davon als seine eigne Biographie.

Friedrich Nietzsche

Alle Weisheit ist nur so lange weise, bis sie widerlegt wird.

Theodor Fontane an seine Frau Emilie

Die Weisheit ersetzt die Schätze; wem sie diese entbehrlich gemacht hat, dem gibt sie Schätze (anderer Art) in reicher Fülle wieder.

Seneca an Lucilius

Wissenschaft und Kunst, oder wenn man will: Poesie und Prosa unterscheiden sich von einander wie eine Reise und eine Spazierfahrt. Der Zweck der Reise liegt im Ziel, der Zweck der Spazierfahrt im Weg.

Franz Grillparzer

Die Kunst ist das Gewissen der Menschheit.

Friedrich Hebbel

Kunst bringt das Leben in Unordnung. Die Dichter der Menschheit stellen immer wieder das Chaos her.

Karl Kraus

Denn bei einem Kunstwerke, wo am Ende doch alles auf eine gewisse Magie und also auf Täuschung hinausläuft, muß man die Zuschauer nicht gar zu nahe kommen und zu gelehrt werden lassen.

Christoph Martin Wieland

Ein rechter Künstler schildert nie, um zu gefallen, sondern um zu – *zeigen.*

Christian Morgenstern

Kunst ist das Feuer, in welches getan vom privaten Erlebnis das Private wegschmilzt. Manchmal bleibt dann freilich gar nichts mehr übrig.

Alfred Polgar

Es gibt Kunstwerke, zu denen die Fehler als ihre liebenswürdigsten Ingredienzien gehören.

Wilhelm Raabe

Künstler ist nur einer, der aus der Lösung ein Rätsel machen kann.

Karl Kraus

Die Poesie ist die Schminke des Lebens, die Kunst, uns über unsere Armut zu täuschen.

Friedrich Hebbel

Vermöge der Musik genießen sich die Leidenschaften selbst.

Friedrich Nietzsche

In den Dichtern träumt die Menschheit.

Friedrich Hebbel

Es liegt im menschlichen Geschlechte das wundervolle Ding der Schönheit. Wir alle sind gezogen von der Süßigkeit der Erscheinung und können nicht immer sagen, wo das Holde liegt. Es ist im Weltall, es ist in einem Auge, dann ist es wieder nicht in Zügen, die nach jeder Regel der Verständigen gebildet sind. Oft wird die Schönheit nicht gesehen, weil sie in der Wüste ist oder weil das rechte Auge nicht gekommen ist – oft wird sie angebetet und vergöttert und ist nicht da: aber fehlen darf sie nirgends, wo ein Herz in Inbrunst und Entzücken schlägt oder wo zwei Seelen aneinander glühen; denn sonst steht das Herz stille, und die Liebe der Seelen ist tot.

Adalbert Stifter

Dem schönsten Antlitz fehlt zur höchsten Zierde,
Oft nur ein Blattergrübchen, eine Narbe.

Christian Dietrich Grabbe

Bei dem großen Schriftsteller hat jeder Satz ein Menschengesicht.

Friedrich Hebbel

Wenn die Rose selbst sich schmückt,
Schmückt sie auch den Garten.

Friedrich Rückert

Erst seit auf Erden
Ein jeder weiß von der Schönheit des Schönen,
Gibt es die Häßlichkeit;
Erst seit ein jeder weiß von der Güte des Guten,
Gibt es das Ungute.

Lao-tse

Schönheit

Schönheit ist ewig nur Eine, doch mannigfach wechselt das Schöne,
Daß es wechselt, das macht eben das Eine nur schön.

Friedrich Schiller

»Warum bin ich vergänglich, o Zeus?« so fragte die Schönheit.
»Macht ich doch«, sagte der Gott, »nur das Vergängliche schön.«

Johann Wolfgang Goethe

Schönheit ist empfundener Rhythmus. Rhythmus der Wellen, durch die uns alles Außen vermittelt wird.

Oder auch: *Schön* ist eigentlich alles, was man mit Liebe betrachtet. Je mehr jemand die Welt liebt, desto schöner wird er sie finden.

Christian Morgenstern

Es gibt keine verbreitete Schönheit. Schönheit ist immer rar.

Theodor Fontane

Worte und Bücher

Die Sprache reicht zur Verständigung nicht aus.

Bert Brecht

Halbwissen. – Der, welcher eine fremde Sprache wenig spricht, hat mehr Freude daran als der, welcher sie gut spricht. Das Vergnügen ist bei den Halbwissenden.

Friedrich Nietzsche

Wörter sind Laternen, steckt ein Licht hinein,
Und sie geben einen guten Schein.

Friedrich Hebbel

... ein Wortspiel ist ein glühendes Lockeneisen in der Hand der Narrheit, womit sie Gedanken krümmt.

E. T. A. Hoffmann

Die Sprache sei die Wünschelrute, die gedankliche Quellen findet.

Karl Kraus

Worte sind Fehlschüsse, leider aber unsere besten Treffer.

Gerhart Hauptmann

Sprache

Warum kann der lebendige Geist dem Geist nicht erscheinen!
Spricht die Seele so spricht ach! schon die *Seele* nicht mehr.

Friedrich Schiller

Der Geist einer Sprache offenbart sich am deutlichsten in ihren unübersetzbaren Worten.

Marie von Ebner-Eschenbach

Gefahr der Sprache für die geistige Freiheit. – Jedes Wort ist ein Vorurteil.

Friedrich Nietzsche

Wenn man viel selbst denkt, so findet man viele Weisheit in die Sprache eingetragen. Es ist wohl nicht wahrscheinlich, daß man alles selbst hineinträgt, sondern es liegt würklich viel Weisheit darin, so wie in den Sprichwörtern.

Georg Christoph Lichtenberg

Alles Sprechen und Schreiben heißt würfeln um den Gedanken. Wie oft fällt nur ein Auge, wenn alle sechs fallen sollten.

Friedrich Hebbel

Viele Sprachen lernen. – Viele Sprachen lernen füllt das Gedächtnis mit Worten statt mit Tatsachen und Gedanken, während dies ein Behältnis ist, welches bei jedem Menschen nur eine bestimmte begrenzte Masse von Inhalt aufnehmen kann.

Friedrich Nietzsche

Wer sich beständig ausschlußweise mit den Büchern beschäftigt, ist für das praktische Leben schon halb verloren.

Johann Gottfried Seume

Ein sicheres Zeichen von einem guten Buch ist, wenn es einem immer besser gefällt, je älter man wird.

Georg Christoph Lichtenberg

Erst durch das Lesen lernt man, wieviel man ungelesen lassen kann.

Wilhelm Raabe

Meine Bücher stehen mir überall auf meinem Lebensweg zur Seite und reichen mir hilfreich die Hand; sie trösten mich im Alter und in der Einsamkeit; sie nehmen mir die Last der Langenweile ab, die sich einstellt, wenn man nichts mehr zu tun hat, und machen alles wieder gut, wenn ich mich über die Menschen, mit denen ich zusammenkomme, ärgern muß; beim Lesen merke ich meine Schmerzen nicht, wenn sie nicht gar zu quälend und herrisch auftreten. Wenn ich von einer fixen Idee nicht loskommen kann, brauche ich nur zu einem Buch zu greifen; es nimmt mich gefangen, und ich denke nicht mehr daran; meine Bücher wissen wohl, daß ich mich mit ihnen nur abgebe, weil ich die anderen Freuden, die realer, lebendiger und natürlicher sind, nicht haben kann; und doch machen sie mir immer ein gleich freundliches Gesicht.

Michel de Montaigne

Wer viele Bücher hat und keines recht gelesen,
Ist wie ein Geiziger mit seinem Schatz gewesen.

Friedrich Rückert

Wenn ein Buch und ein Kopf zusammenstoßen, und es klingt hohl, ist das allemal im Buch?

Georg Christoph Lichtenberg

Ich glaube, man sollte überhaupt nur solche Bücher lesen, die einen beißen und stechen. Wenn das Buch, das wir lesen, uns nicht mit einem Faustschlag auf den Schädel weckt, wozu lesen wir dann das Buch?

Franz Kafka an Oskar Pollak

Es ist sehr gut, die von andern hundertmal gelesenen Bücher immer noch einmal zu lesen; denn obgleich das Objekt einerlei bleibt, so ist doch das Subjekt verschieden.

Georg Christoph Lichtenberg

Wem zu glauben ist, redlicher Freund, das kann ich dir sagen:
Glaube dem Leben; es lehrt besser als Redner und Buch.

Johann Wolfgang Goethe

X
Die große Welt

Jede Zeit hat ihre Aufgabe

Die große Welt

Die Waage gleicht der großen Welt:
Das Leichte steigt, das Schwere fällt.

Gotthold Ephraim Lessing

Es stände besser um die Welt, wenn die Mühe, die man sich gibt, die subtilsten Moralgesetze auszuklügeln, zur Ausübung der einfachsten angewendet würde.

Marie von Ebner-Eschenbach

Einen großartigen Beweis von der erbärmlichen *Subjektivität* der Menschen, in Folge welcher sie alles auf sich beziehn und von jedem Gedanken sogleich in gerader Linie auf sich zurückgehn, liefert die *Astrologie*, welche den Gang der großen Weltkörper auf das armsälige Ich bezieht, wie auch die Kometen am Himmel in Verbindung bringt mit den irdischen Händeln und Lumpereien.

Arthur Schopenhauer

Wer gegen seine Zeit ankämpfet, hat verloren
Die Müh, gewonnen nur den Namen eines Toren.

Friedrich Rückert

Die Menschen gleichen ihrer Zeit mehr als ihren Vätern.

Arabische Weisheit

Gerade das kann die Welt entbehren, um dessenwillen sie allein zu existieren verdient.

Friedrich Hebbel

In den Jahrhunderten vor uns scheint uns die Menschheit heranzuwachsen, in denen nach uns abzuwelken, in unserm herrlich–blühend aufzuplatzen: so scheinen uns nur die Wolken unsers Scheitelpunktes gerade zu gehen, die einen vor uns steigen vom Horizonte herauf, die andern hinter uns ziehen gekrümmt hinab.

Jean Paul

Der Hauptgegensatz alles Modernen gegen das Alte besteht darin, daß die Menschen nicht mehr durch ihre Geburt auf den von ihnen einzunehmenden Platz gestellt werden. Sie haben jetzt die Freiheit, ihre Fähigkeiten nach allen Seiten hin und auf jedem Gebiete zu betätigen.

Theodor Fontane

Geschichte ist die Biographie der Menschheit.

Ludwig Börne

Gleichheit ist immer der Probestein der Gerechtigkeit; und beide machen das Wesen der Freiheit.

Johann Gottfried Seume

Ich kann freilich nicht sagen ob es besser werden wird, wenn es anders wird; aber so viel kann ich sagen, es muß anders werden, wenn es gut werden soll.

Georg Christoph Lichtenberg

Die »Mode« ist das *ästhetische Verbrechen* an und für sich!

Sie will nicht das *endgültig* Gute, Schöne, Zweckmäßige. Sie will »immer etwas *anderes*!«

Sie will das Taumeln von *einem* Irrtum zu einem *anderen*. Sie lebt vom Irrtum, der einem anderen Irrtum Platz macht. Sie lebt von *kindischen Veränderungen*.

Peter Altenberg

Wie groß sind die Fortschritte der Menschheit, wenn wir auf den Punkt sehen, von dem sie ausging, und wie klein, betrachten wir den Punkt wo sie hin will.

Franz Grillparzer

Der moderne Mensch »läuft« zu leicht »heiß«. Ihm fehlt zu sehr das Öl der Liebe.

Christian Morgenstern

Wenn die Maschinen, die die Menschen so im Lauf der Zeit erfunden haben, nun auch noch funktionierten: was wäre das für ein angenehmes Leben –!

Kurt Tucholsky

Wo wir unfähig sind, die Gesetze der Notwendigkeit zu erkennen, da glauben wir frei zu sein.

Ludwig Börne

Wer die Privilegien tötete, wäre der Weltheiland.

Johann Gottfried Seume

Die Leute blicken immer so verächtlich auf vergangene Zeiten, weil die dies und jenes ›noch‹ nicht besaßen, was wir heute besitzen. Aber dabei setzen sie stillschweigend voraus, daß die neuere Epoche alles das habe, was man früher gehabt hat, plus dem Neuen. Das ist ein Denkfehler.

Es ist nicht nur vieles hinzugekommen. Es ist auch vieles verloren gegangen, im guten und im bösen. Die von damals hatten vieles noch nicht. Aber wir haben vieles nicht mehr.

Kurt Tucholsky

Fortschritt

Ein Mittel wird dem Fortschritt immer bleiben:
Was er nicht übertreffen kann, zu übertreiben.

Franz Grillparzer

Jede Zeit hat ihre Aufgabe und durch die Lösung derselben rückt die Menschheit weiter.

Heinrich Heine

Arm und Reich

Der Reichtum gleicht dem Seewasser: je mehr man davon trinkt, desto durstiger wird man.

Arthur Schopenhauer

Kaum hat mal einer ein bissel was,
Gleich gibt es welche, die ärgert das. –

Wilhelm Busch

Mein und Dein

Alles machet Mein und Dein,
daß man nicht kann friedlich sein.

Friedrich von Logau

Es gibt Leute, die wollen lieber einen Stehplatz in der ersten Klasse als einen Sitzplatz in der dritten. Es sind keine sympathischen Leute.

Kurt Tucholsky

Arm ist nicht, wer nur wenig hat, sondern wer immer noch mehr begehrt.

Seneca an Lucilius

Gewinn anderer wird fast wie Verlust empfunden.

Wilhelm Busch

Die Sorgen, mit deren Last sich der Bevorzugte gegenüber dem Unterdrückten entschuldigt, sind eben die Sorgen um Erhaltung der Bevorzugung.

Franz Kafka

Reichtum macht das Herz schneller hart als kochendes Wasser ein Ei.

Ludwig Börne

Übermäßige Ungleichheit ist die verderbliche Pest eines Staats.

Christoph Martin Wieland

Ich will ein König sein, der bettelt bei einer Königin, nicht ein Bettler, der König ist bei einer Bettlerin!!

Peter Altenberg

Wem Fortuna ein Haus geschenkt,
dem schenkt sie auch Möbel.

Wilhelm Busch

Der Asket. – Der Asket macht aus der Tugend eine Not.

Friedrich Nietzsche

Ich halte den nicht für arm, dem das wenige genug ist, was er übrig hat.

Seneca an Lucilius

Der Arme rechnet dem Reichen die Großmut niemals als Tugend an.

Marie von Ebner-Eschenbach

Zum Heuchler werden. – Jeder Bettler wird zum Heuchler; wie jeder, der aus einem Mangel, aus einem Notstand (sei dies ein persönlicher oder ein öffentlicher) seinen Beruf macht. – Der Bettler empfindet den Mangel lange nicht so, als er ihn empfinden *machen* muß, wenn er vom Betteln leben will.

Friedrich Nietzsche

Es gibt wohl keinen Menschen in der Welt, der nicht, wenn er um 1000 Taler willen zum Spitzbuben wird, lieber um das halbe Geld ein ehrlicher Mann geblieben wäre.

Georg Christoph Lichtenberg

Das erste Privilegium ist der erste Ansatz zum Krebs des Staatskörpers.

Johann Gottfried Seume

Moral ist gut, Erbschaft ist besser.

Theodor Fontane an seine Tochter Martha

Jeder Staat führt den Krieg gegen die eigene Kultur. Anstatt Krieg gegen die eigene Unkultur zu führen.

Karl Kraus

So lang nur ein Mensch da ist, dem der Krieg Vorteil bringen kann, und dieser eine hat Macht und Einfluß genug, diesen Krieg zu entfesseln, ist jeder Kampf gegen den Krieg vergeblich.

Arthur Schnitzler

Jede Glorifizierung eines Menschen, der im Kriege getötet worden ist, bedeutet drei Tote im nächsten Krieg.

Kurt Tucholsky

Und dabei zieht jeder dieser Helden und Erdenwüteriche abends nicht nur den Harnisch, sondern auch die Hosen aus und die Bettdecke über den Kopf.

Wilhelm Raabe

Beweis der Güte der Republik gleich demjenigen, den Boccaccio für die Religion anführt: sie besteht trotz ihrer Beamten –

Heinrich Heine

Die Krankheiten, die das Wachstum der Menschheit bezeichnen, nennt man Revolutionen.

Friedrich Hebbel

Wie vollkommen auch die gesetzmäßige *Verfassung* eines Staats sein mag, bei der *Vollziehung* kommt alles auf die Beschaffenheit der Menschen an, in deren Händen die Gewalt ist . . .

Christoph Martin Wieland

Ein Staatswesen, in dem was dem Staatswesen nutzt dem einzelnen nicht nutzt und was dem einzelnen nutzt dem Staatswesen nicht nutzt, nutzt selber nichts.

Bert Brecht

Die großen und glänzenden Taten, die das Auge blenden, werden von den Politikern als Ergebnis großer Pläne hingestellt, während sie doch gewöhnlich nur Auswirkungen von Launen und Leidenschaften sind. So war der Krieg zwischen Augustus und Antonius, den man ihrem Ehrgeiz, sich zu Herren der Welt zu machen, zuschreibt, vielleicht nur eine Folge ihrer Eifersucht.

La Rochefoucauld

Die Massen in Bewegung zu setzen, braucht's nur der Phrase eines Dummkopfs. Wie lange Zeit gebraucht der kluge Mann, um nur einen einzigen zu seiner Meinung zu bekehren!

Wilhelm Raabe

Bei Beurteilung der politischen Ereignisse kann als Regel dienen, daß hinter allem was den Anschein des Unverfänglichen hat ein geheimer Plan steckt, wogegen das was planmäßig zu sein scheint, gewöhnlich keinen Hintergrund hat als die vollkommenste Gedankenlosigkeit.

Franz Grillparzer

Gelehrte als Politiker. – Gelehrte, welche Politiker werden, wird gewöhnlich die komische Rolle zugeteilt, das gute Gewissen einer Politik sein zu müssen.

Friedrich Nietzsche

Jede höhere Stufe, welche der Mensch betritt, erfordert eine andere Lebensordnung ...

Christoph Martin Wieland

Der Endzweck aller Kultur ist es, das, was wir »Politik« nennen, überflüssig, jedoch Wissenschaft und Kunst der Menschheit unentbehrlich zu machen.

Arthur Schnitzler

Wenn etwas hart bestraft wird, so beweist das gar nicht, daß es unrecht ist; es beweist bloß, daß es dem Vorteil der Machthaber nachteilig ist. Oft ist gerade die Strafe der Stempel der schönen Tat.

Johann Gottfried Seume

Es kann eine Welt geben, in der es eine Ehre ist, gehängt zu werden, und also auch zu einem Vergnügen werden kann.

Wilhelm Raabe

Wer nicht die Tüchtigen ehrt,
Bewirkt, daß das Volk sich nicht streitet.
Wer nicht die Güter schätzt, die schwer zu erlangen,
Bewirkt, daß das Volk nicht zu Räubern wird.
Wer nicht vorzeigt, was man begehren kann,
Bewirkt, daß des Volkes Sinn nicht aufsässig wird.

Lao-tse

Abschied an den Leser

Wenn du von allem dem, was diese Blätter füllt,
Mein Leser, nichts des Dankes wert gefunden:
So sei mir wenigstens für das verbunden,
Was ich zurück behielt.

Gotthold Ephraim Lessing

Es gibt keine neuen Wahrheiten auf Erden; und gerade in diesen kleinen Sätzen dachtest du sie zu finden?

Arthur Schnitzler

Textnachweise

Altenberg, Peter: Diogenes in Wien. Aphorismen, Skizzen und Geschichten. Hrsg. von Dietrich Simon. Bd. 1. Berlin: Verlag Volk und Welt, 1979.

Benjamin, Walter: Einbahnstraße In: Gesammelte Schriften. Hrsg. von Rolf Tiedemann und Hermann Schweppenhäuser. Bd. 4,1. Hrsg. von Tillmann Rexroth. Frankfurt a. M.: Suhrkamp, 1991. – © 1972 Suhrkamp Verlag, Frankfurt am Main.

Börne, Ludwig: Sämtliche Schriften. Neu bearb. und hrsg. von Inge und Peter Rippmann. Bd. 1: Aphorismen [1808–10]. Bd. 2: Aphorismen und Miscellen. Düsseldorf: Melzer, 1964.

Brecht, Bertolt: Die Stücke in einem Band Frankfurt a. M.: Suhrkamp, 1978. © 1978 Suhrkamp Verlag, Frankfurt am Main. – Zit. als: Stücke.

– Me-ti, Buch der Wendungen. Frankfurt a. M.: Suhrkamp, 1979. – © 1979 Suhrkamp Verlag, Frankfurt am Main.

Brod, Max / Kafka, Franz: Eine Freundschaft. Briefwechsel. Bd. 2. Hrsg. von Malcolm Pasley. Frankfurt a. M.: S. Fischer, 1989. – Zit. als: Brod/Kafka.

Büchner, Georg: Dantons Tod. Stuttgart: Reclam, 1970 [u. ö.]. (Universal-Bibliothek. 6060.)

Burckhardt, Jacob: Weltgeschichtliche Betrachtungen. Hrsg. von Rudolf Marx. Stuttgart: Kröner, 1978.

Busch, Wilhelm: Aphorismen und Reime. In: W. B.: Was beliebt ist auch erlaubt. Hrsg. von Rolf Hochhuth. Gütersloh: Bertelsmann, [o. J.].

Doderer, Heimito von: Repertorium. Ein Begreifbuch von höheren und niederen Lebens-Sachen Hrsg. von Dietrich Weber. München: C. H. Beck, 1996. – © 1969 C. H. Beck'sche Verlagsbuchhandlung, München. Die erste Auflage dieses Werkes ist im Biederstein Verlag erschienen.

Dostojewskij, Fjodor: Aufzeichnungen aus dem Kellerloch. Übers. von Swetlana Geier. Stuttgart: Reclam, 1984 [u. ö.]. (Universal-Bibliothek. 8021.) – © für die Übersetzung 1984 Rowohlt Verlag GmbH, Reinbek.

Ebner-Eschenbach, Marie von: Aphorismen. Stuttgart: Reclam, 1994. (Universal-Bibliothek. 8455.)

Eichendorff, Josef von: Viel Lärmen um Nichts. In: J. v. E.: Sämtliche Erzählungen. Hrsg. von Hartwig Schultz. Stuttgart: Reclam, 1990. (Universal-Bibliothek. 2352.)
Fontane, Theodor: Briefe. 4 Bde. Hrsg. von Helmuth Nürnberger [u. a.]. München: Hanser, 1976–82. – Zit. als: Briefe H.
– Briefe. 4 Bde. Hrsg. von Kurt Schreinert. Zu Ende gef. und mit einem Nachw. vers. von Charlotte Jolles. Berlin: Propyläen Verlag, 1968–71. – Zit. als: Briefe P.
– Briefe an Georg Friedlaender. Aufgrund der Edition von Kurt Schreinert und der Handschriften neu hrsg. von Walter Hettche. Mit einem Essay von Thomas Mann. Frankfurt a. M.: Insel Verlag, 1994. – Zit. als: Fontane/Friedlaender.
– Der Briefwechsel zwischen Theodor Fontane und Paul Heyse. Hrsg. von Gotthard Erler. Berlin/Weimar 1972. – Zit. als: Fontane/Heyse.
– Sämtliche Werke. Nymphenburger Ausgabe. Hrsg. von Edgar Groß, Kurt Schreinert [u. a.]. 24 Bde. München: Nymphenburger-Verlag, 1959–75. – Zit. als: Sämtliche Werke.
– Sämtliche Werke. Romane Erzählungen Gedichte. Bd. 6. Hrsg. von Walter Keitel. München: Hanser, 1964. – Zit. als: Werke.
– Schach von Wuthenow. Erzählung aus der Zeit des Regiments Gensdarmes. Stuttgart: Reclam, 1961 [u. ö.]. (Universal-Bibliothek. 7688.)
– Der Stechlin. Roman. Stuttgart: Reclam, 1978 [u. ö.]. (Universal-Bibliothek. 9910.)
Franz von Sales: Philothea. Übers. und eingel. von Otto Karrer. München: Ars Sacra, [2]1952.
Goethe, Johann Wolfgang: Werke in 12 Bänden. Berlin/Weimar: Aufbau Verlag, 1981.
Grabbe, Christian Dietrich: Don Juan und Faust. Stuttgart: Reclam, 1963 [u. ö.]. (Universal-Bibliothek. 290.)
Gracián, Balthasar: Handorakel und Kunst der Weltklugheit. Übers. von Arthur Schopenhauer. Hrsg. von Arthur Hübscher. Stuttgart: Reclam, 1954 [u. ö.]. (Universal-Bibliothek. 2771.)
Grillparzer, Franz: [ab 1916: Sämtliche] Werke. Historisch-kritische Ausgabe. Hrsg. von August Sauer. Wien/Leipzig: Gerlach & Weidling, bzw. Wien: Schroll, 1909–48.
Gryphius, Andreas: Gedichte. Eine Auswahl. Hrsg. von Albert Elschenbroich. Stuttgart: Reclam, 1968 [u. ö.]. (Universal-Bibliothek. 8799.)

Gutzkow, Karl: Vom Baum der Erkenntnis. In: K. G.: Werke. Auswahl in 12 Teilen. Hrsg. von Reinhold Gensel. T. 12. (Bd. 4.) Berlin/Leipzig: Bong, [1912].
Hauptmann, Gerhart: Einsichten und Ausblicke. In: G. H.: Sämtliche Werke. Hrsg. von Hans-Egon Hass. Bd. 4: Erzählungen. Theoretische Prosa. Frankfurt a. M. / Berlin: Propyläen Verlag, 1963. (Centenar-Ausgabe.) – © 1963 Verlag Ullstein GmbH, Frankfurt am Main und Berlin.
Hebbel, Friedrich: Werke in zehn Teilen. Hrsg. von Theodor Poppe. Tl. 9: Tagebücher 1. Tl. 10: Tagebücher 2. Berlin [u. a.]: Bong, [o. J.].
Hebel, Johann Peter: Poetische Werke. Wiesbaden: Vollmer, [o. J.].
– Schatzkästlein des rheinischen Hausfreundes. Hrsg. von Gertrud Fussenegger. Salzburg/Wien: Residenz Verlag, 1975. – Zit. als: Schatzkästlein.
Hegel, Georg Wilhelm Friedrich: Grundlinien der Philosophie des Rechts oder Naturrecht und Staatswissenschaft im Grundrisse. Hrsg. von Bernhard Lakebrink. Stuttgart: Reclam, 1970 [u. ö.]. (Universal-Bibliothek. 8388.)
Heine, Heinrich: Sämtliche Schriften in zwölf Bänden. Hrsg. von Klaus Briegleb. Bd. 3: Schriften 1822–1831. Hrsg. von Günter Häntzschel. Bd. 11: Schriften 1851–1855. Hrsg. von Walter Klaar. München/Wien: Hanser, 1976.
Hölderlin, Friedrich: Hyperion oder Der Eremit in Griechenland. Hrsg. von Jochen Schmidt. Frankfurt a. M.: Insel Verlag, 1979. – Zit. als: Hyperion.
– Werke in vier Teilen. Berlin [u. a.]: Bong, [o. J.] – Zit. als: Werke.
Hoffmann, E. T. A.: Die Brautwahl. Frankfurt a. M.: Insel Verlag, 1988.
– Die Elixiere des Teufels. Nachgelassene Papiere des Bruders Medardus eines Kapuziners. Hrsg. von Wolfgang Nehring. Stuttgart: Reclam, 1985 [u. ö.]. (Universal-Bibliothek. 192.)
Kafka, Franz: Briefe 1902–1924. Frankfurt a. M.: S. Fischer, [1958]. – Zit. als: Briefe.
– Briefe an Milena. Hrsg. von Jürgen Born und Michael Müller. Frankfurt a. M.: S. Fischer, 1983.
– Tagebücher. 1910–1923. Hrsg. von Max Brod. Frankfurt a. M.: S. Fischer, [2]1983.
– Nachgelassene Schriften und Fragmente. Bd. 2. Hrsg. von Jost Schillemeit. Frankfurt a. M.: S. Fischer, 1992. – Zit. als: Nachlaß.
Kleist, Ewald Christian von: Märkischer Dichtergarten. Ihn foltert

Schwermut, weil er lebt. Gedichte, Prosa, Stücke und Briefe. Hrsg. von Gerhard Wolf. Frankfurt a. M.: S. Fischer, 1983.

Kraus, Karl: Schriften. Hrsg. von Christian Wagenknecht. Bd. 8.: Aphorismen. Sprüche und Widersprüche. Pro domo et mundo. Nachts. Frankfurt a. M.: Suhrkamp, 1986. – © 1986 Suhrkamp Verlag, Frankfurt am Main.

Kürnberger, Ferdinand: Der Amerikamüde. Roman. Berlin: Verlag Volk und Welt, 1985.

Lao-Tse: Tao-Tê-King. Das Heilige Buch vom Weg und von der Tugend. Übers. von Günther Debon. Stuttgart: Reclam, 1979 [u. ö.]. (Universal-Bibliothek. 6798.)

La Rochefoucauld, [François de]: Maximen und Reflexionen. Übers. von Konrad Nußbächer. Stuttgart: Reclam, 1965 [u. ö.]. (Universal-Bibliothek. 678.)

Lessing, Gotthold Ephraim: Werke in sechs Bänden. Auf Grund der von Julius Petersen und Waldemar von Olshausen besorgten Ausg. neu bearb. von Fritz Fischer. Bd. 1: Gedichte und Fabeln. Jugenddramen. Bd. 2: Dramen. Bd. 3: Literaturkritik. Zürich: Stauffacher, 1965.

Lichtenberg, Georg Christoph: Schriften und Briefe. Hrsg. von Wolfgang Promies. Bd. 1: Sudelbücher 1. München: Hanser, 1968. Bd. 2: Sudelbücher 2. Materialhefte. Tagebücher. München: Hanser, 1971.

Logau, Friedrich von: Deutsche Sprüche. München: Piper, 1916.

Maeterlinck, Maurice: Vom Tode. Übers. von Friedrich von Oppeln-Bronikowski. Jena: Diederichs, 1914.

Montaigne, Michel de: Die Essais. Hrsg. und übers. von Arthur Franz. Leipzig: Dieterich, 1953. – © 1953, 1992 Sammlung Dieterich Verlagsgesellschaft mbH, Leipzig.

Morgenstern, Christian: Werke und Briefe. Kommentierte Ausgabe. Hrsg. von Maurice Cureau [u. a.]. Bd. 5: Aphorismen. Hrsg. von Reinhardt Habel. Stuttgart: Urachhaus, 1987. (Stuttgarter Ausgabe.)

Nietzsche, Friedrich: Also sprach Zarathustra. Ein Buch für Alle und Keinen. Nachw. von Josef Simon. Stuttgart: Reclam, 1994. (Universal-Bibliothek. 7111.)

– Götzendämmerung. Der Antichrist. Ecce Homo. Gedichte. Hrsg. von Alfred Baeumler. Stuttgart: Kröner, 1954. – Zit. als: Götzendämmerung.

– Menschliches Allzumenschliches. Mit einem Vorw. von Alfred Baeumler. 2 Bde. Leipzig: Kröner, 1930.

Nietzsche, Friedrich: Jenseits von Gut und Böse. Nachw. von Volker Gerhardt. Stuttgart: Reclam, 1988 [u. ö.]. (Universal-Bibliothek. 7114).
Novalis: Schriften. Bd. 3: Das philosophische Werk 2. Hrsg. von Richard Samuel. 3., durchges. und rev. Ausg. Stuttgart [u. a.]: Kohlhammer, 1983.
– Werke in einem Band. Hrsg. von Hans-Joachim Mähl und Richard Samuel. Kommentiert von Hans-Joachim Simm. München/Wien: Hanser, 1981. – Zit. als: Werke.
Paul, Jean: Titan. 2 Bde. Berlin/Weimar: Aufbau, 1986.
Platen, August von: Abgerissene Gedanken. In: A. v. P.: Sämtliche Werke in 12 Bänden. Hist.-krit. Ausg. Hrsg. von Max Koch und Erich Petzet. Bd. 11. Leipzig: Hesse, [o. J.].
Polgar, Alfred. Handbuch des Kritikers. Wien/Hamburg: Zsolnay, 1980. – © 1980 Paul Zsolnay Verlag GmbH, Wien und Hamburg.
Raabe, Wilhelm: Notizen und Lebensrückblick. In: W. R.: Gesammelte Werke in drei Bänden. Hrsg. von Hans Jürgen Meinerts. Bd. 3. Gütersloh: Mohn, [o. J.].
Reclams Zitatenlexikon. Hrsg. von Johannes John. Stuttgart: Reclam, 1993.
Rilke, Rainer Maria: Die Aufzeichnungen des Malte Laurids Brigge. Hrsg. von Manfred Engel. Stuttgart: Reclam, 1997. (Universal-Bibliothek. 9626.)
Rosegger, Peter: Die Försterbuben. Erdsegen. Wien: Kremayr & Scheriau, [o. J.]. – Zit. als: Erdsegen.
– Die Schriften des Waldschulmeisters. Das ewige Licht. Wien: Kremayr & Scheriau, [o. J.]. – Zit. als: Waldschulmeister.
Rückert, Friedrich: Gedichte. Hrsg. von Walter Schmitz. Stuttgart: Reclam, 1988. (Universal-Bibliothek. 3672.)
Schiller, Friedrich: Ausgewählte Werke. Hrsg. von Ernst Müller. Bd. 1: Einleitung. Gedichte / Erzählungen. Bd. 3: Dramen. Stuttgart: Kohlhammer, 1954. – Zit. als: Werke.
– Vom Erhabenen. In: Schillers Werke, Nationalausgabe. Bd. 20: Philosophische Schriften 1. Hrsg. von Benno von Wiese. Weimar: Böhlau, 1962. S. 171–195. Zit. als: Vom Erhabenen.
Schnitzler, Arthur: Aphorismen und Betrachtungen. Frankfurt a. M.: S. Fischer, 1967. (Gesammelte Werke.) – © 1967 S. Fischer Verlag, Frankfurt am Main.
Schopenhauer, Arthur: Aphorismen zur Lebensweisheit. Hrsg. von Arthur Hübscher. Stuttgart Reclam, 1991 [u. ö.]. (Universal-Bibliothek. 5002.) [Die Orthographie wurde behutsam modernisiert.] – Zit. als: Aphorismen.

Schopenhauer, Arthur: Die Welt als Wille und Vorstellung. Gesamtausg. in zwei Bdn. nach der Edition von Arthur Hübscher. Stuttgart: Reclam, 1987. (Universal-Bibliothek. 2761–2762.) [Die Orthographie wurde behutsam modernisiert.] – Zit. als: Welt als Wille.

Seneca: Vom glückseligen Leben. Hrsg. von Heinrich Schmidt. Übers. von Albert Forbiger (1867). Leipzig: Kröner, 1922. – Zit. als: VgL.

– Vom glückseligen Leben und andere Schriften. Übers. nach Ludwig Rumpel. Hrsg. von Peter Jaerisch. Stuttgart: Reclam, 1953 [u. ö.]. (Universal-Bibliothek. 7790.) – Zit. als: VgL, Schriften.

Seume, Johann Gottfried: Werke in 2 Bänden. Hrsg. von Jörg Drews. Bd 2: Apokryphen. Kleine Schriften. Gedichte. Übersetzungen. Frankfurt a. M.: Deutscher Klassiker Verlag, 1993.

Shakespeare, William: Troilus und Cressida. Übers. von Wolf Heinrich Graf Baudissin. Stuttgart: Reclam, 1963 [u. ö.]. (Universal-Bibliothek. 818.)

Stendhal: Von der Liebe. Hrsg. von Arthur Schurig. Leipzig: Insel-Verlag, 1922.

Stifter, Adalbert: Gesammelte Werke in sechs Bänden. Hrsg. von Michael Benedikt und Herbert Hornstein. Bd. 1: Studien 1–3. Bd. 2: Studien 4–6. Bd. 3: Bunte Steine. Erzählungen. Gütersloh: Bertelsmann, 1956. – Zit. als: Werke.

Storm, Theodor: Werke in einem Band. Hrsg. von Werner Lincke. Salzburg: Das Bergland Buch, [o. J.].

Tucholsky, Kurt. Gesammelte Werke in 10 Bänden. Hrsg. von Mary Gerold-Tucholsky und Fritz J. Raddatz. Bd. 9: 1931. Bd. 10: 1932. Reinbek: Rowohlt, 1975. – © 1960 by Rowohlt Verlag GmbH, Reinbek. – Zit. als: Werke.

Turgenjew, Iwan: Väter und Söhne. Roman. Übers. von Frida Rubiner. Hrsg. von Peter Thiergen. Stuttgart: Reclam, 1989. (Universal-Bibliothek. 718)

Varnhagen, Rahel: Briefe und Aufzeichnungen. Hrsg. von Dieter Bähtz. Frankfurt a. M.: Insel Verlag, 1986.

Weisheit des Islam. Ausgew., übers. und hrsg. von Annemarie Schimmel. Stuttgart: Reclam, 1994. (Reclam Lesebuch.)

Wieland, Christoph Martin: Aristipp und einige seiner Zeitgenossen. Hrsg. von Heinrich Pröhle. Frankfurt a. M.: Insel Verlag, 1984. – Zit. als: Aristipp.

– Der goldne Spiegel und andere politische Dichtungen. München: Winkler, 1979. – Zit. als: Der goldne Spiegel.

Motto

11 Morgenstern, S. 241

I

Das Leben

13 1 Hebbel, Werke 9, S. 33 (Tagebücher). 2 Schopenhauer, Aphorismen, S. 205. 3 Hölderlin, Werke 1, S. 227.

14 1 Rilke, S. 77. 2 Kafka, Nachlaß, S. 46. 3 La Rochefoucauld, S. 57. 4 Varnhagen, S. 59. 5 Jean Paul, Titan 1, S. 301. 6 Nietzsche, Menschliches, Allzumenschliches 2, S. 160.

15 1 Kafka, Nachlaß, S. 56. 2 Schnitzler, S. 339. 3 Hebbel, Werke 9, S. 53 (Tagebücher). 4 Doderer, S. 246. 5 Schiller, Werke 1, S. 256.

16 1 Grillparzer, I/12, S. 106 (Sprüche und Epigramme). 2 Hebbel, Werke 9, S. 366 (Tagebücher). 3 Novalis, Werke, S. 429 (Blüthenstaub). 4 Hebbel, Werke 9, S. 50 (Tagebücher). 5 Altenberg, S. 211 (Neues Altes).

17 1 Busch, S. 875. 2 Goethe, Werke 2, S. 423 (Hermann und Dorothea). 3 Seneca, VgL Schriften, S. 128 (Trostschrift an Marcia). 4 Schiller, Werke 1, S. 270. 5 Nietzsche, Menschliches, Allzumenschliches 2, S. 123.

18 1 Altenberg, S. 109 (Was der Tag mir zuträgt). 2 Brecht, Me-ti, S. 99. 3 Rückert, S. 194. 4 Gracián, S. 87 f.

19 1 Franz von Sales, S. 212. 2 Lichtenberg, Schriften und Briefe 1, S. 354. 3 Kürnberger, S. 82. 4 Brod/Kafka, S. 378. 5 Altenberg, S. 36 (Wie ich es sehe). 6 Seneca, VgL, Schriften, S. 134 (Aus den Briefen an Lucilius).

20 1 Hebbel, Werke 9, S. 484 (Tagebücher). 2 Schnitzler, S. 131. 3 Lessing, Werke 1, S. 100. 4 Fontane, Briefe P 4, S. 113.

21 1 Hebbel, Werke 10, S. 269 (Tagebücher). 2 Busch, S. 869. 3 Grillparzer, Werke II/7, S. 241 (Tagebücher). 4 Hebbel, Werke 9, S. 303 (Tagebücher). 5 La Rochefoucauld, S. 25. 6 Nietzsche, Jenseits von Gut und Böse, S. 84.

22 1 Seneca, VgL, Schriften, S. 126 (Über den Zorn). 2 Goethe, Werke 7, S. 149 (Wilhelm Meisters Wanderjahre). 3 Logau, S. 83. 4 Montaigne, S. 284 f. 5 Schopenhauer, Aphorismen, S. 212.

23 1 Seneca, VgL, Schriften, S. 129 (Trostschrift an Marcia). 2 Fontane, Fontane/Friedlaender, S. 251. 3 Montaigne, S. 375. 4 Goethe, Werke 7, S. 39 (Wilhelm Meisters Wanderjahre). 5 Nietzsche, Menschliches, Allzumenschliches 1, S. 325.

24 1 Doderer, S. 144. 2 La Rochefoucauld, S. 22. 3 Schiller, Werke 3, S. 333 (Wallenstein). 4 Morgenstern, S. 214. 5 Varnhagen, S. 328.

25 1 Nietzsche, Menschliches, Allzumenschliches 1, S. 329. 2 Raabe, S. 983. 3 Hölderlin, Hyperion, S. 97.

26 1 Heine, Sämtliche Schriften 11, S. 631 (Aufzeichnungen). 2 Nietzsche, Menschliches, Allzumenschliches 2, S. 177. 3 Logau, S. 22. 4 Seume, S. 116.

II
Die Lebensalter

27 1 Reclams Zitatenlexikon, S. 112. 2 Ebner-Eschenbach, S. 6. 3 Nietzsche, Jenseits von Gut und Böse, S. 72. 4 Lessing, Werke 3, S. 43 (Briefe, die neueste Literatur betreffend). 5 Grillparzer, Werke I/12, S. 292 (Sprüche und Epigramme).

28 1 Kafka, Tagebücher, S. 366. 2 Morgenstern, S. 248. 3 Nietzsche, Also sprach Zarathustra, S. 71. 4 Weisheit des Islam, S. 79. 5 Ebner-Eschenbach, S. 11. 6 Grillparzer, Werke I/12, S. 305 (Sprüche und Epigramme).

29 1 La Rochefoucauld, S. 41. 2 Schopenhauer, Aphorismen, S. 222. 3 La Rochefoucauld, S. 59. 4 Ebner-Eschenbach, S. 20. 5 Jean Paul, Titan 1, S. 186. 6 Reclams Zitatenlexikon, S. 21

30 1 Schopenhauer, Aphorismen, S. 231. 2 Hebbel, Werke 9, S. 145 (Tagebücher). 3 Varnhagen, S. 59. 4 La Rochefoucauld, S. 29. 5 Fontane, Werke, S. 319 (Sprüche). 6 Busch, S. 880.

31 1 Ebner-Eschenbach, S. 34. 2 Lichtenberg, Schriften und

Briefe 2, S. 406. 3 Schopenhauer, Aphorismen, S. 222 f. 4 Hölderlin, Werke 1, S. 114.

32 1 Goethe, Werke 4, S. 397 (Faust II). 2 La Rochefoucauld, S. 18. 3 Ebner-Eschenbach, S. 25. 4 Grillparzer, Werke I, 12, S. 346 (Sprüche und Epigramme). 5 Seneca, VgL, Schriften, S. 39 (Von der Gemütsruhe).

33 1 Eichendorff, S. 233. 2 Reclams Zitatenlexikon, S. 230. 3 Fontane, Briefe H 3, S. 163. 4 Raabe, S. 984. 5 Stifter, Werke 1, S. 270 (Der Hochwald).

34 1 Rosegger, Erdsegen, S. 387 f. 2 Ebner-Eschenbach, S. 12. 3 Goethe, Werke 7, S. 27 f. (Wilhelm Meisters Wanderjahre). 4 Brecht, Stücke, S. 356 (Die Mutter). 5 Maeterlinck, S. 18.

35 1 Schiller, Werke 1, S. 241. 2 Kafka, Nachlaß, S. 100. 3 Seneca, VgL, Schriften, S. 130 (Trostschrift an Marcia). 4 Brecht, Me-ti, S. 57. 5 Maeterlinck, S. 16.

36 1 Kafka, Tagebücher, S. 241. 2 Seneca, VgL, Schriften, S. 51 (Von der Gemütsruhe). 3 Seume, S. 51. 4 Montaigne, S. 67.

III

Das Schicksal

37 1 Kafka, Nachlaß, S. 65. 2 Lichtenberg, Schriften und Briefe 2, S. 686. 3 Gracián, S. 100.

38 1 Schopenhauer, Aphorismen, S. 133. 2 Seneca, VgL, Schriften, S. 67 (Vom glückseligen Leben). 3 Lessing, Werke 2, S. 101 (Philotas). 4 Logau, S. 51.

39 1 Nietzsche, Menschliches, Allzumenschliches 1, S. 328. 2 Morgenstern, S. 256. 3 Lichtenberg, Schriften und Briefe 1, S. 758. 4 Kleist, S. 179. 5 Brod/Kafka, S. 10 f. 6 Schiller, Werke 3, S. 33 (Don Karlos).

40 1 Hebel, Schatzkästlein, S. 56. 2 Benjamin, S. 113. 3 Hebbel, Werke 9, S. 102 (Tagebücher). 4 Kafka, Nachlaß, S. 46. 5 Kleist, S. 171. 6 Storm, S. 94 (Sprüche).

41 1 Börne, Sämtliche Schriften 1, S. 148. 2 Kleist, S. 171. 3 La Rochefoucauld, S. 55. 4 Raabe, S. 984. 5 Kafka, Tagebücher, S. 410. 6 Hebbel, Werke 10, S. 83 (Tagebücher). 7 Lessing, Werke 2, S. 262 (Emilia Galotti).

42 1 La Rochefoucauld, S. 5. 2 Morgenstern, S. 232. 3 Hebel, Poetische Werke, S. 422. 4 Schopenhauer, Aphorismen, S. 161. 5 Rückert, S. 201. 6 Hebbel, Werke 10, S. 241 (Tagebücher).

43 1 Seneca, VgL, Schriften, S. 125 (Über den Zorn). 2 Schopenhauer, Welt als Wille 2, S. 822. 3 Hebbel, Werke 10, S. 82 (Tagebücher). 4 Raabe, S. 983. 5 La Rochefoucauld, S. 9.

44 1 Schopenhauer, Aphorismen, S. 21. 2 Ebner-Eschenbach, S. 36. 3 Nietzsche, Menschliches, Allzumenschliches 1, S. 320. 4 Schiller, Vom Erhabenen, S. 185. 5 Stifter, Werke 2, S. 7 f. (Abdias).

45 1 Dostojewskij, S. 106. 2 Gutzkow, S. 24. 3 Rosegger, Erdsegen, S. 362. 4 Schopenhauer, Welt als Wille 1, S. 512. 2 Hebbel, Werke 9, S. 493 (Tagebücher).

46 Lessing, Werke 1, S. 94. 5 Hebbel, Werke 9, S. 493 (Tagebücher).

IV

Die Liebe

47 1 Ebner-Eschenbach, S. 5. 2 Nietzsche, Jenseits von Gut und Böse, S. 72. 3 Stifter, Werke 2, S. 61 (Abdias). 4 Grillparzer, Werke 1, S. 326 (Sappho).

48 1 Logau, S. 19. 2 Hebbel, Werke 9, S. 156 f. (Tagebücher) 3 Morgenstern, S. 212. 4 Novalis, Werke, S. 445 (Blüthenstaub). 5 Goethe, Werke 5, S. 327 (Die Wahlverwandtschaften). 6 Stendhal, S. 170.

49 1 Stifter, Werke 1, S. 93 (Feldblumen). 2 Nietzsche, Menschliches, Allzumenschliches 1, S. 267. 3 La Rochefoucauld, S. 21 4 Ebner-Eschenbach, S. 18. 5 Altenberg, S. 136 (Prodromos).

50 1 Nietzsche, Jenseits von Gut und Böse, S. 83. 2 Stendhal, S. 448. 3 Goethe, Werke 1, S. 241 (Vier Jahreszeiten). 4 La Rochefoucauld, S. 48. 5 Stendhal, S. 75.

51 1 Varnhagen, S. 308. 2 La Rochefoucauld, S. 52. 3 Altenberg, S. 37 (Wie ich es sehe). 4 Rückert, S. 201. 5 Kafka, Briefe an Milena, S. 263. 6 Stendhal, S. 59.

52 1 Stifter, Werke 1, S. 35 (Der Kondor). 2 La Rochefoucauld, S. 41. 3 Börne, Sämtliche Schriften 2,

92 1 Varnhagen, S. 52. 2 Hauptmann, S. 998. 3 Weisheit des Islam, S. 27. 4 Nietzsche, Menschliches, Allzumenschliches 2, S. 269. 5 Raabe, S. 984. 6 Fontane, Briefe H 2, S. 296.

93 1 Hebbel, Werke 10, S. 136 (Tagebücher). 2 Stendhal, S. 454. 3 Seneca, VgL, Schriften, S. 121 (Trostschrift an seine Mutter Helvia). 4 Hölderlin, Hyperion, S. 23. 5 Nietzsche, Menschliches, Allzumenschliches 1, S. 240.

94 1 Seneca, VgL, Schriften, S. 156 (Aus den Briefen an Lucilius). 2 Doderer, S. 30 f.

IX

Die Weisheit ersetzt die Schätze

95 1 Hegel, S. 402. 2 Fontane, Der Stechlin, S. 177. 3 Grillparzer, Werke II/10, S. 207 (Tagebücher). 4 Ebner-Eschenbach, S. 18. 5 Hebbel, Werke 9, S. 362 (Tagebücher).

96 1 La Rochefoucauld, S. 54. 2 Lessing, Werke 2, S. 373 (Nathan der Weise). 3 Stifter, Werke 1, S. 115 f. (Feldblumen). 4 Lichtenberg, Schriften und Briefe 2, S. 417. 5 Fontane, Briefe P 2, S. 238.

97 1 Seneca, VgL, Schriften, S. 157 (Aus den Briefen an Lucilius). 2 Novalis, Werke, S. 445 (Blüthenstaub). 3 Ebner-Eschenbach, S. 8. 4 Lichtenberg, Schriften und Briefe 2, S. 418. 5 Lao-tse, S. 44. 6 Hebbel, Werke 9, S. 195 (Tagebücher).

98 1 Lessing, Werke 2, S. 373 (Nathan der Weise). 2 Grillparzer, Werke I/12, S. 213 (Sprüche und Epigramme). 3 Gracián, S. 45. 4 Börne, Sämtliche Schriften 2, S. 196. 5 Ebner-Eschenbach, S. 10. 6 Kraus, S. 86.

99 1 Tucholsky, Werke 10, S. 49. 2 Goethe, Werke 7, S. 338 (Wilhelm Meisters Wanderjahre). 3 Nietzsche, Menschliches, Allzumenschliches 2, S. 32. 4 Fontane, Briefe P 3, S. 86. 5 Platen, S. 7.

100 1 Nietzsche, Menschliches, Allzumenschliches 1, S. 321. 2 La Rochefoucauld, S. 59. 3 Hegel, S. 54. 4 Brecht, Me-ti, S. 135. 5 Ebner-Eschenbach, S. 29. 6 Lichtenberg, Schriften und Briefe 2, S. 183.

101 1 Goethe, Werke 7, S. 276 (Wilhelm Meisters Wanderjahre).

2 Weisheit des Islam, S. 104. 3 Fontane, Briefe H 3, S. 19. 4 Montaigne, S. 306. 5 Seneca, VgL, Schriften, S. 44 (Von der Gemütsruhe).

102 1 Goethe, Werke 7, S. 295 (Wilhelm Meisters Wanderjahre). 2 Nietzsche, Menschliches, Allzumenschliches 1, S. 166f. 3 Lichtenberg, Schriften und Briefe 2, S. 182. 4 Doderer, S. 242.

103 1 Ebner-Eschenbach, S. 23. 2 Nietzsche, Menschliches, Allzumenschliches 1, S. 327. 3 Goethe, Werke 7, S. 304 (Wilhelm Meisters Wanderjahre). 4 Ebner-Eschenbach, S. 54. 5 Nietzsche, Jenseits von Gut und Böse, S. 83. 6 Seneca, VgL, Schriften, S. 125 (Über den Zorn).

104 1 Schiller, Werke 1, S. 263. 2 Dostojewskij, S. 31 f. 3 Lao-tse, S. 100. 4 Brecht, Me-ti, S. 31. 5 Varnhagen, S. 73.

105 1 Goethe, Werke 7, S. 290 (Wilhelm Meisters Wanderjahre). 2 Kraus, S. 237. 3 Nietzsche, Menschliches, Allzumenschliches 2, S. 96. 4 Heine, Sämtliche Schriften 11, S. 625 (Aufzeichnungen). 5 Seneca, VgL, S. 67 (Von der Kürze des Lebens). 6 Grillparzer, Werke II/1, S. 247 (Tagebücher).

106 1 La Rochefoucauld, S. 8. 2 Nietzsche, Götzendämmerung, S. 84. 3 Brecht, Me-ti, S. 59. 4 Altenberg, S. 33 (Wie ich es sehe). 5 Montaigne, S. 238. 6 Busch, S. 873.

107 1 Nietzsche, Menschliches, Allzumenschliches 2, S. 153. 2 Hebbel, Werke 9, S. 102 (Tagebücher). 3 Altenberg, S. 121. (Prodromos). 4 La Rochefoucauld, S. 31. 5 Doderer, S. 257. 6 Brecht, Stücke, S. 261 (Die Maßnahme).

108 1 Rückert, S. 208. 2 Kafka, Nachlaß, S. 52. 3 Montaigne, S. 105. 4 La Rochefoucauld, S. 17. 5 Raabe, S. 985.

109 1 Hebbel, Werke 10, S. 91 (Tagebücher). 2 Ebner-Eschenbach, S. 3. 3 Montaigne, S. 107. 4 Lichtenberg, Schriften und Briefe 1, S. 275. 5 Fontane, Werke, S. 315 (Sprüche). 6 Stifter, Werke 3, S. 317 (Die drei Schmiede ihres Schicksals).

110 1 Grillparzer, Werke I/12, S. 290 (Sprüche und Epigramme). 2 Börne, Sämtliche Schriften 2, S. 323.

3 Hebbel, Werke 9, S. 319 (Tagebücher). 4 Morgenstern, S. 306. 5 Lichtenberg, Schriften und Briefe 1, S. 353. 6 Ebner-Eschenbach, S. 13.

111 1 Lao-tse, S. 25. 2 Seneca, VgL, Schriften, S. 158 f. (Aus den Briefen an Lucilius). 3 Morgenstern, S. 237. 4 Kafka, Nachlaß, S. 58. 5 Schopenhauer, Aphorismen, S. 155. 6 Gracián, S. 98.

112 1 Lao-tse, S. 57. 2 Nietzsche, Menschliches, Allzumenschliches 2, S. 328. 3 Seneca, VgL, Schriften, S. 116 (Von der Kürze des Lebens).

113 1 La Rochefoucauld, S. 5. 2 Gracián, S. 7 f. 3 Nietzsche, Menschliches, Allzumenschliches 1, S. 317. 4 Fontane, Briefe P 1, S. 210. 5 Seneca, VgL, Schriften, S. 137 (Aus den Briefen an Lucilius).

114 1 Grillparzer, Werke II/10, S. 253 (Tagebücher). 2 Hebbel, Werke 9, S. 303 (Tagebücher). 3 Kraus, S. 279. 4 Wieland, Aristipp, S. 65 5 Morgenstern, S. 98. 6 Polgar, S. 57.

115 1 Raabe, S. 998. 2 Kraus, S. 338. 3 Hebbel, Werke 9, S. 209 (Tagebücher). 4 Nietzsche, Jenseits von Gut und Böse, S. 77. 5 Hebbel, Werke 9, S. 495 (Tagebücher). 6 Stifter, Werke 2, S. 187 (Brigitta)

116 1 Grabbe, S. 69. 2 Hebbel, Werke 10, S. 149 (Tagebücher). 3 Reclams Zitatenlexikon, S. 379 4 Lao-tse, S. 26. 5 Schiller, Werke 1, S. 266. 6 Goethe, Werke 1, S. 242 (Vier Jahreszeiten).

117 1 Morgenstern, S. 82. 2 Fontane, Sämtliche Werke 11, S. 113. 3 Brecht, Stücke, S. 86 (Im Dickicht der Städte). 4 Nietzsche, Menschliches, Allzumenschliches 1, S. 324. 5 Hebbel, Werke 9, S. 485 (Tagebücher).

118 1 Hoffmann, Die Elixiere des Teufels, S. 237. 2 Kraus, S. 236. 3 Hauptmann, S. 1033. 4 Schiller, Werke 1, S. 27[illegible]. 5 Ebner-Eschenbach, S. 12. 6 Nietzsche, Menschliches, Allzumenschliches 2, S. 205.

119 1 Lichtenberg, Schriften und Briefe 1, S. 718. 2 Hebbel, Werke 9, S. 462 (Tagebücher). 3 Nietzsche, Menschliches, Allzumenschliches 1, S. 218. 4 Seume, S. 21. 5 Lichtenberg, Schriften und Briefe 1, S. 390. 6 Raabe, S. 997.

120 1 Montaigne, S. 309. 2 Reclams Zitatenlexikon, S. 65.

3 Lichtenberg, Schriften und Briefe 1, S. 291. 4 Kafka, Briefe, S. 27.

121 1 Lichtenberg, Schriften und Briefe 1, S. 291. 2 Goethe, Werke 1, S. 244 (Vier Jahreszeiten).

X

Die große Welt

122 1 Lessing, Werke 1, S. 69. 2 Ebner-Eschenbach, S. 11. 3 Schopenhauer, Aphorismen, S. 182.

123 1 Rückert, S. 196. 2 Weisheit des Islam, S. 68. 3 Hebbel, Werke 9, S. 286 (Tagebücher). 4 Jean Paul, Titan 1, S. 186. 5 Fontane, Der Stechlin, S. 318. 6 Börne, Sämtliche Schriften 1, S. 146.

124 1 Seume, S. 12. 2 Lichtenberg, Schriften und Briefe 2, S. 450. 3 Altenberg, S. 143 (Märchen des Lebens). 4 Grillparzer, Werke II/7, S. 278 (Tagebücher). 5 Morgenstern, S. 197.

125 1 Tucholsky, Werke 9, S. 289. 2 Börne, Sämtliche Schriften 1, S. 141. 3 Seume, S. 70. 4 Tucholsky, Werke 10, S. 98. 5 Grillparzer, Werke I/12, S. 351 (Sprüche und Epigramme).

126 1 Heine, Sämtliche Schriften 3, S. 377 (Reisebilder). 2 Schopenhauer, Aphorismen, S. 55. 3 Busch, S. 367 (Fipps, der Affe). 4 Logau, S. 19. 5 Tucholsky, Werke 10, S. 48.

127 1 Seneca, VgL, Schriften, S. 134 (Aus den Briefen an Lucilius). 2 Busch, S. 875. 3 Kafka, Nachlaß, S. 66. 4 Börne, Sämtliche Schriften 2, S. 197. 5 Wieland, Der goldne Spiegel, S. 185. 6 Altenberg, S. 37 (Wie ich es sehe). 7 Busch, S. 875. 8 Nietzsche, Menschliches, Allzumenschliches 1, S. 76.

128 1 Seneca, VgL, Schriften, S. 134 (Aus den Briefen an Lucilius). 2 Ebner-Eschenbach, S. 6. 3 Nietzsche, Menschliches, Allzumenschliches 2, S. 197. 4 Lichtenberg, Schriften und Briefe 1, S. 829. 5 Seume, S. 17. 6 Fontane, Briefe P 2, S. 229.

129 1 Kraus, S. 399. 2 Schnitzler, S. 223. 3 Tucholsky, Werke 10, S. 98. 4 Raabe, S. 992. 5 Heine, Sämtliche

Schriften 11, S. 667 (Aufzeichnungen). **6** Hebbel, Werke 10, S. 145 (Tagebücher).

130 **1** Wieland, Der goldne Spiegel, S. 304. **2** Brecht, Me-ti, S. 80. **3** La Rochefoucauld, S. 3 f. **4** Raabe, S. 995. **5** Grillparzer, Werke II/10, S. 264 (Tagebücher).

131 **1** Nietzsche, Menschliches, Allzumenschliches 1, S. 295. **2** Wieland, Der goldne Spiegel, S. 45. **3** Schnitzler, S. 93. **4** Seume, S. 43. **5** Raabe, S. 995. **6** Lao-tse, S. 27.

132 **1** Lessing, Werke 1, S. 66. **2** Schnitzler, S. 133.

Der Verlag Philipp Reclam jun. Stuttgart dankt für die Nachdruckgenehmigung den Rechteinhabern, die durch den Quellennachweis oder einen folgenden Copyrightvermerk bezeichnet sind. Für einige Autoren waren die Rechtsnachfolger nicht festzustellen. Hier ist der Verlag bereit, nach Anforderung rechtmäßige Ansprüche abzugelten.